KB041344

하비 페닉의
리틀 레드북

지은이 **하비 페닉**Harvey Penick

미국인들이 '골프 레슨의 원조'라고 칭하는 전설적인 골프 교습가이다. 그의 골프 인생은 여덟 살 때 텍사스 주 오스틴에 있는 컨트리 클럽에서 캐디 일을 하는 것에서 시작되어, 1995년 91세를 일기로 타계할 때까지 수많은 골퍼들을 지도해왔다. 그의 제자로는 톰 카이트, 벤 크렌쇼, 미키 라이트, 벳시 롤스, 캐시 위트워스 등 세계 정상급 남녀 프로 골퍼들이 망라되어 있다. 2002년에 제자인 벤 크렌쇼와 함께 골프 명예의 전당에 올랐다.

하비 페닉이 자신의 골프 인생 80년이 넘는 세월 동안 보고 배운 것과 자신이 가르친 골프계의 인물들에 대한 단상을 메모해 놓은 리틀 레드북(그가 늘 지니고 다녔던 빨간 노트 때문에 붙은 이름이다)은 프로와 초보자 모두에게 골프 지혜를 나누어주고 있다. 골프에 관한 전문용어를 사용하지 않고도 간결하고 직접적이고 실용적인 가르침을 전달해주는 그의 골프 지혜는 어떠한 수준의 골퍼이든 최선의 경기를 할 수 있도록 길을 열어준다.

리틀 레드북에는 골프에 대한 그의 사랑과, 골프를 가르치는 일에 대한 그의 열정이 녹아 있다. "당신이 내 책을 읽는다면 당신은 내 제자이고, 당신이 골프를 한다면 당신은 내 친구"라는 그의 말처럼, 그는 자신의 학생이 US 오픈에서 우승하는 것을 지켜보는 것과 마찬가지로 초보자가 처음으로 공중에 공을 쳐 올리는 것을 보는 것에서도 똑같은 즐거움을 맛보는 사람이었다.

이 책 〈하비 페닉의 리틀 레드북〉은 출간되자마자 뉴욕 타임스 베스트셀러가 됐으며, 시대를 뛰어넘어 골프의 고전으로 인정받고 있다.

HARVEY PENICK'S LITTLE RED BOOK

하비 페닉의 리틀 레드북

하비 페닉 · 버드 슈레이크 지음 | 김원중 옮김

골퍼라면 반드시 읽어야 할 필독서

Lessons and Teachings from a Lifetime in Golf

문예춘추사

옮긴이 김원중

서울대 의과대학을 졸업했다. 의학박사, 정형외과 전문의, 서울대 병원 척추 전임의, 인제대 병원 척추센터 주임교수를 거쳐 캐나다 몬트리올대 교환교수를 지냈으며, 현재 척추전문 시너지정형외과병원 원장으로 있다.

하비 페닉의
리틀 레드북

초판 1쇄 발행 2022년 7월 15일

지 은 이	하비 페닉, 버드 슈레이크
옮 긴 이	김원중
펴 낸 이	한승수
펴 낸 곳	문예춘추사
편 집	이상실
마 케 팅	박건원, 김지윤
디 자 인	박소윤
등록번호	제300-1994-16
등록일자	1994년 1월 24일
주 소	서울특별시 마포구 동교로 27길 53, 309호
전 화	02 338 0084
팩 스	02 338 0087
메 일	moonchusa@naver.com
I S B N	978-89-7604-522-5 13690

차 례

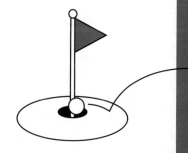

데이비스 러브 3세

이 세상 모든 골퍼의 롤모델, 하비를 기리며

제 아버지께서는 하비에게서 배웠던 그대로 제게 골프를 가르치셨습니다. 그렇지만 아버지는 한 번도 선생님을 하비라고 칭했던 적이 없었고, 항상 페닉 씨라고 했습니다. 아버지는 제게 만 번도 더 "페닉 씨 가라사대…" 하고 말씀을 시작하셨던 것 같습니다. 페닉 씨는 US 오픈이라는 말 대신에 전국(내셔널) 오픈이라고 했는데 제 아버지께서도 똑같이 부르셨습니다. 저는 이것이 우연의 일치라고 생각하지 않습니다.

하비는 제 아버지가 골프를 가르치는 일에서 롤모델이었습니다. 하비는, 물론 아버지 이외의 수많은 선생들의 롤모델이기도 했습니다. 1950년대 초반 제 아버지 데이비스 러브 2세는 아칸소 주에서 잘 치는 학생 골퍼였습니다. 하비는 오스틴 컨트리 클럽의 수석프로인 동시에 텍사스 대학의 골프 코치였습니다. 그는 아버지를 텍사스로 불렀는데,

보지는 않았지만 어땠을 지 가히 상상이 갑니다. 그때는 힘찬 스윙의 고해상 동영상을 이메일에 첨부해 보내던 시절이 아니었습니다. 아버지가 보여줄 것이라고는 아칸소 주의 주니어 타이틀 몇 개와 엘도라도 신문에 났던 기사 몇 개가 전부였습니다. 하지만 아버지는 열일곱 살에 텍사스로 떠나서 군대에 징집되기 전까지 3년간 하비 슬하에서 플레이를 했습니다.

이 3년은 매우 중요한 시절이었는데, 단지 하비가 아버지를 더 나은 선수로 만들었기 때문만은 아니었습니다. 아버지의 팀 동료인 에드 터키는, 하비와 제 아버지는 같은 옷감으로 만들어진 판박이라고 말하고는 했습니다. 둘 다 남들 스윙을 쳐다보면서 연습장에서 살다시피 했으니까요.

하비는 아버지의 친아버지와는 완전히 다른 성격의 사람이었지만, 아버지에게는 두 번째 아버지 같은 사람이 되었습니다. 내 친할아버지는 경기에 따라 온탕 냉탕을 왔다 갔다 하는 석유 사업자로 엄격하고 격식을 차리는 사람이었습니다. 사업이 잘되던 시절에는 커다란 검은 링컨을 몰고 다니기도 했지요. 하비는 친절하고 소탈하며 거의 평생을 한 직업으로, 오스틴 cc에서 일했습니다. 그는 어떤 물질적인 것에 욕심이 없는 것처럼 보였고, 단순한 삶을 살았습니다. 그는 가르치는 행위 그 자체와 플레이어가 더 잘 칠 수 있게 도우려는 열망에 완전히 푹 빠져 있었습니다. 정말 마음속 까지 겸손하고 친절한 사람이었습니다.

미국 프로골프연맹은 벌써 수십 년간이나 클럽 프로와 티칭 프로들을 대상으로, 골프 교습의 대가들을 초빙하여 어떻게 가르칠 것인지에 대해 배우는 특별 세미나를 열고 있습니다. 제 아버지는 그런 강연에 하비를 초빙하고는 했습니다. 1970·80년대, 제 아버지는 〈골프 다이제스트〉의 교수진으로 재직하고 있었고, 골프다이제스트 골프 학교에서 왕성한 활동을 하고 있었는데, 자주 하비를 초청강사로 초빙하고는 했습니다. 그런데 매번 하비를 초청할 때마다 항상 무엇인가를 배우는 게 있었다고 합니다.

제 아버지는 하비 페닉의 리틀 레드북이 출간되기 한참 전부터 이 작은 빨간 책에 대해 알고 있었다고 합니다. 제 아버지도 비슷한 일을 하고 있었는데, 골프 교습에서 효과가 있는 것과 효과가 없는 것들에 대해 간략하게 끄적여두었습니다. 다만 제 아버지는 변호사들이 즐겨 사용하는 긴

노란 종이에 적어두었던 것이 차이일 뿐입니다.

하비가 제 아버지에게 알려주고, 또 아버지가 제게 다시 알려준 것은 정말 여러 가지인데, 이제 저는 제 십대 아들 데이비스 러브 4세, 드루에게 알려주고 있습니다. 제 아버지가 자주 하시던 이야기로, 하루는 오스틴의 골프 연습장에 있는데 하비가 다가오더랍니다.

"데이비스, 뭘 하고 있어?" 하비가 물었습니다.

"저 둔덕에다가 6번 아이언을 치고 있습니다." 아버지가 말했습니다.

"좋아, 그럼 이제는 그 둔덕에다가 5번 아이언 좀 치는 걸 보여주게."

아버지는 몇 개를 쳐 보였습니다.

"이젠 4번 아이언."

그렇게 둘이는 골프백 안에 있는 채들을 다 쳤습니다. 제가 고등학교 다니던 시절, 아버지는 제게 이렇게 말씀하시고는 했습니다.

"300야드짜리 드라이버 샷 하나 보여다오."

저는 그대로 했죠. 그러면,

"이번에는 250짜리."

그럼 저는 좋다고 했고,

"이제 200."

그럼 스윙 또 한 번 후에,

"150은 어때?"

이런 식이었습니다.

그런데 요새 저는 제 아들 드루에게 비슷한 일을 하고 있습니다. 차이는 드라이브를 325야드에서 시작한다는 거죠. 하비는 아버지에게 아버지가 제게, 또 제가 드루에게 원하는 것을 원했습니다. 우리는 모든 골퍼가 진정으로 클럽헤드를 느끼고, 자유자재로 자기 스윙을 다룰 수 있기를 바랍니다.

저는 좋은 골프 선생은 아닙니다. 저는 여러분에게 각 개인이 뭘 잘못하고 있는지를 알려드릴 수는 있지만 그걸 어떻게 고쳐야 하는지는 알려드릴 수가 없습니다. 제 남자 형제 마크는 드루를 포함해 많은 사람들을 가르치고 있는데, 하비 페닉/데이비스 러브 주니어의 교과서대로 가르치는 훌륭한 선생이고 타고난 지도자입니다. 남을 가르치는 기술의 중요 부분 중의 하나는 학생의 성격 유형과 그 학생이 무엇을 필요로 하는지를 간파하는 것입니다. 하비 페닉은 벤 크렌쇼와 톰 카이트를 가르쳤는데 그 둘은 완전히 다른 스타일과 다른 방법으로 메이저 대회들을 석권했습니다. 그 둘은 골퍼로서뿐 아니라 사람으로서도 완전히 다릅니다. 어느 한 명에게 효과가 있었던 방법이 다른 사람에게 효과가 있었을 리 없습니다. 하비는 각자에게 그들이 필요로 했던 것을 제공했습니다. 하비는 그들을 잘 가늠했습니다. 사실 하비가 운동 심리학이라는 개념을 알았을 리는 없습니다. 그러나 그는 정말 궁극적인 운동 심리학자가 되었습니다! 그는 인간 전체를 보았고, 초짜부터 세계 최고의 선수들까지 어떤 사람이건, 또 그들이 어떤 단계에 있건 가르칠 수 있었습니다. 그의 삶과 교육의 핵심은 타인에 대한 배려였습니다.

틴슬리 페닉은 자기 아버지의 뒤를 이어 오스틴 cc의 수석프로가 되었습니다. 틴슬리는 어떻게 하면 좋은 선생이 될 수 있는지에 대해 그의 아버지가 제 아버지에게 했던 조언들을 기억하고 있습니다. 한국전에 참전했던 군 생활 직후, 사회생활 초년병 시절, 아버지는 뉴저지에 있는 마운틴 리지 컨트리 클럽의 전설적인 클럽 프로인 텍사스 출신 웨스 엘리스의 보조 교사로 일하고 있었습니다. 하비는 아버지에게 댄스 교습을 받으라고 했습니다. 이유는 말하지 않고요. 아버지는 하비가 하라는 대로 했습니다. 어쩌면 몸의 밸런스를 개선하기 위해서일 수도 있겠군, 하고 생각했지만 이유는 몰랐답니다. 하지만 교습을 받고 나니 알겠더랍니다. 하비는 아버지에게, 교습을 받는 학생은 어떤 느낌이 드는지, 또 새로운 것을 시도한다는 것이 어떤 것인지 알기를 원했던 것이지요.

제 아버지가 텍사스 대학에서 하비 팀에 있었을 때 틴슬리는 중학교에 다니고 있었는데, 아버지는 틴슬리를 골프장에서 집까지 차에 태워 데려다 주고는 했습니다. 그 후, 틴슬리는 제 아버지가 한국에서 국제전화로 자기 아버지에게 본인이 한국의 군 기지에 건설 중인 골프 코스에 샌드 그린을 만드는 방법에 대해 조언을 들었던 것을 회상합니다. 틴슬리는 제 아버지가 자기 아버지의 골프 교육의 유산을 충실히 이행하고 완성했다고 말합니다. 비록 본인들은 이런 용어를 사용하지 않았지만, 이 둘은 골프를 기술이나 재주라기보다는 전체적으로, 또 전인적인 교육 철학으로 가르쳤습니다.

이들에게 골프 교습은 돈벌이라기보다는 사는 방식이었습니다. 이들은 골프로 물질적인 부를 추구하지는 않았습니다. 전설적인 이야기로는, 하비에게 리틀 레드북의 선인세가 5만 달러라고 했더니, "내가 정말 책을 팔아 그만큼을 벌 수 있을까?"라고 했답니다. 하지만 이 책은 2백만 부가 팔렸습니다. (저도 정말 수도 없이 사서 선물을 했지요.) 늘그막에 하비는 떼돈을 벌었고, 그래서 몹시 흥분했습니다. 그래서 그는 와이프 헬런에게 커튼 몇 개를 사 주었답니다.

저는 제 인생에서 골프라는 스위치를 켰다가 껐다 할 수 있습니다만 제 아버지는 그러실 수가 없었고, 제가 보기에 하비도 그렇게는 못했을 것 같습니다. 저는 골프를 나가거나 아니면 연습장에서 공을 칠 때마다 하비 생각을 합니다.

저는 제 프로 커리어의 거의 대부분 동안 사용한 그립을 하비에게서 배웠습니다. 제가 하비를 직접 만난 일은 손에 꼽을 정도에 지나지 않지만, 저는 왠지 그를 정말로 잘 알았던 것처럼 느끼고 있습니다. 지금 독자께서 들고 계시는 책이 그런 느낌이 들게 하는 이유 중의 하나입니다.

제가 직접 하비를 대면했던 일들이 다 특별하기는 하지만, 그 중에서도 더욱 특별했던 때는 제가 투어에 신입한 루키였던 1986년, 그를 방문했을 때입니다. 그 당시 저는 그립에 무엇인가 문제가 있는 것처럼 느끼고 있었습니다. 제 아버지는 저 혼자서 하비를 찾아가보는 게 좋겠다고 하셨습니다. "난 잘 모르겠다. 가서 페닉 씨를 만나보거라." 아버지가 이렇게 말씀하시던 기억이 납니다. 옛날 골프선생들에게, 골프는 항상 그립에서 시작합니다. 모든 것은 그립으로부터 비롯되는 것이지요.

우리는 제 루키 시즌이 끝나가는 어느 월요일에 만났습니다. 오스틴 cc는 휴장이었지만 하비는 연습장을 개방할 수 있었습니다. 81세였던 그의 얼굴에는 텍사스의 강한 바람과 수만 번의 레슨이 새겨져 있었습니다. 노구임에도 그의 눈은 초롱초롱 젊었고, 목소리도 그러했습니다. 그는 총명하고 날카로웠습니다. 그는 어떤 선생들처럼 끝없이 조잘거리지 않았습니다. 그는 제게 공을 치게 했고, 저는 그의 침묵 속에서 그가 정말로 심사숙고하고 있음을 알 수 있었습니다. 그는 제 스윙과 그립과 발 움직임을 보았습니다. 그는 말 그대로 모든 것을 관찰했습니다. 마침내 그가 입을 열었습니다.

"데이비스, 왼손 엄지를 조금 더 손가락 쪽으로 붙여봐, 아주 조금만. 자네가 느낄 수는 있지만 내가 육안으로 식별할 수 없을 정도로만." 저는 그 말을 하던 그의 눈이 기억납니다. 눈빛이 환해져 있었거든요. 그는 약간 흥분을 하고 있었습니다.

그는 제 아버지에게 댄스 교습을 받는 게 좋겠다고 말했을 때처럼 제게 왜 이렇게 바꿔야 하는지 이유를 말하지 않았습니다. 그는 그 '왜'라는 질문에 저 자신이 스스로 대답하기를 원했던 것이지요. 저는 그립을 조금 바꾸었고, 그것은 좀 낯선 기분이 들기는 했지만 이상하게 느껴지지는 않았습니다. 하비의 교정은 제 아버지가 관찰했던 모든 그립 관련 스윙 문제를 해결해주었습니다. 단 한 번의 간단한 레슨으로 말입니다. 하비는 제가 스윙하는 걸 몇 번 더 보더니 말했습니다.

"가서 점심이나 먹자."

저는 그다음 해 투어에서 첫 승을 거두었습니다.

지금까지의 운동 관련 서적 중 가장 많이 팔린 베스트셀러 두 권은 모두 골프 책입니다. 지금 이 책과 존 파인스타인의 《망쳐버린 좋은 산책》이지요. 저는 존이 첫 골프 책을 낼 때 그 책에 대해 이야기를 한 적이 있는데, 그는 자기 책에 제 아버지와 아버지가 골프 관련 메모들을 잔뜩 적어 넣은 노란 공책 이야기를 썼습니다. 존의 책이 출간된 이후, 시몬 앤드 슈스터 출판사의 편집장인 제프 뉴먼과 저는 제가 아버지에게서 어떻게 골프를 배웠는지에 대해 쓰려는 책의 자료로 아버지의 메모 노트를 사용하는 것에 대해 이야기를 했습니다. 저는 처음부터 아주 흥미가 있었습니다만, 제가 최종적으로 책의 출간에 찬성하게 된 것은 제프가 하비의 책들을 편집했기 때문입니다.

제 책 《내가 치는 모든 샷(Every shot I take)》은 하비의 리틀 레드북에서 깊은 영감을 받았습니다. 이 책은 제 아이들과 다른 사람들에게 1988년 비행기 추락사고로 돌아가신 제 아버지가 어떤 분이셨는지 알려주는 데 도움이 되었습니다. 책을 쓰기 위해 아버지의 노트들을 모으다 보니 저는 많은 조문 편지들을 읽게 되었습니다. 그중 하나는 하비가 보낸 것이었습니다. 무너질 듯한 꼬불꼬불한 글씨로 쓴 편지는 다음과 같은 맺음말로 끝났습니다.

"자네 부친은 아마도 천당에서 골프를 가르치고 있을 걸세."

하비는 1995년 4월 마스터스게임 전 주 일요일, 향년 아흔 살로 돌아가셨습니다. 그 일요일 아침 저는 뉴올리언스에서 개최된 투어에서 우승해서 마스터스 출전권을 획득했습니다. 하비는 자기 집에 있었고요. 누군가 그에게 제가 우승을 했다고 전해주었더니 그는 양손을 모아 크게 박수를 한 번 쳤다고 합니다. 그 날 저녁 그는 영면에 들었습니다. 전직 〈스포츠 일러스트레이티드〉 잡지 기자로 하비의 책 네 권 모두의 출간을 도왔던 버드 슈레이크가 추도사를 했습니다. 장례식 후 버드는 친구들과 함께 그 주의 마스터스 게임에 대해 이야기했습니다. 버드는 하비의 제자들 중 제일 유명한 두 명, 벤 크렌쇼와 톰 카이트 중 하나가 우승을 하든지 둘 다 예선 탈락을 할 것이라고 전망했습니다. 톰은 예선에서 탈락했지만 벤은 43세 나이에, 그것도 평생을 아버지처럼 지낸, 자기 멘토의 장례를 치른 지 며칠밖에 지나지 않았음에도 우승을 차지했습니다. 그리고 저는 바로 한 타 차이로 2등을 했습니다.

리틀 레드북의 편집자인 제프 뉴먼은 이 책에 대해 아주 흥미로운 점을 지적하고 있습니다. 그의 말에 따르면 이 책은 새로운 아이디어에 입각한 새로운 책이 아니라, 어쩌다 보니 출판 기회를 놓쳐 세상에 나오지 못했던 골프서의 고전이 뒤늦게나마 빛을 보게 된 것이라고 했습니다. 이 책은 175페이지나 되지만 그림이나 사진이 없습니다. 겨우 니커(반바지) 차림 골퍼가 있는 타원형의 작은 구닥다리 골프 그림이 하나 앞표지에 있을 뿐입니다. 뒤표지에는 70대 하비를 찍은 범상치 않은 저자의 사진 하나가 있습니다. 주름진 그의 이마는 연륜과 지혜를 보여줍니다. 그리고 또 하나, 그의 셔츠가 있습니다. 놀랍게도 사각형 안에 또 사각형이 들어 있는 무늬의 골프 셔츠입니다. 이런 셔츠에 끌리려면 정말 남다른 창의적인 생각을 하는 사람이어야 할 것 같은데, 하비는 진정 그런 사람이었습니다.

제가 마지막으로 하비를 만난 것은 제 아버지가 돌아가시고 수년이 지난 다음이었습니다. 아버지의 친한 친구로 예전의 팀 메이트이기도 한 에드 털리는 우리가 살고 있는 조지아 해안가의 세인트 시몬스에 우리 가족을 방문 중이었습니다. 제 어머니 펜타는 에드에게 제 아버지가 봅 토스키와 함께 집필했던 《진짜 골프 스윙을 느끼는 방법(How to feel a real golf swing)》이란 책의 로열티를 받았다고 이야기하는 중이었습니다. 어머니는 이 돈으로 무엇을 할까 고민 중이라고 했던 모양입니다. 에드는 텍사스 대학에 제 부친의 이름을 딴 장학금을 개설하는 게 어떤지 제안했고, 어머니는 흔쾌히 그렇게 하셨습니다. 에드와 저는 하비에게 이 이야기를 전하기 위해 직접 그를 찾아갔습니다. 나중에 내셔널 아마추어 챔피언십과 디 오픈 챔피언십(제 아버지와 하비가 US 아마추어와 브리티시 오픈을 부르던 이름입니다)을 석권한 저스틴 레너드가 그 첫 번째 장학생이었습니다.

리틀 레드북에서 가장 유명한 글귀는 챕터 제목이기도

한 '목표만을 생각하라'입니다. 만일 독자분께서 그것을 정말로 유념하고 항상 신경을 쓰신다면 진정 더 나은 골퍼가 될 것입니다. 1997년 PGA 챔피언십에서 우승했을 때, 저는 이 문구, '목표만을 생각하라'를 주문처럼 웅얼거렸습니다, 사실 이는 제가 항상 되뇌는 주문입니다. 단지 때에 따라 이 천재적인 주문이 잘 먹히는 때도 덜 먹히는 때도 있다는 겁니다. 1997년 PGA 결승 일요일에 저는 저스틴 레너드와 한 조로 플레이를 했습니다. 같이 18번 홀의 페어웨이로 나오자 안개가 걷히고 태양이 비치기 시작했습니다.

2년 뒤, 벤 크렌쇼가 라이더 컵 팀의 주장이었던 시절, 저와 저스틴은 그 팀에 소속되어 있었습니다. 우리는 보스턴의 컨트리 클럽에서 경기를 하고 있었습니다. 유럽 팀은 3일 경기의 이틀이 지난 시점에 4점차로 리드를 하고 있었습니다. 이것은 상당히 많이 뒤져 있는 것이었습니다. 결승 전날의 토요일 저녁, 선수들과 그들의 부인들, 벤과 다른 사람들은 호텔의 우리 팀 룸에 있었습니다. 저는 한 주일 동안 벤이 자기가 하비한테 배웠던 것들에 대해 무엇인가 이야기를 해줄 것으로 기대하고 기다렸지만, 그는 아무 말도 하지 않았습니다. 그 토요일 밤, 벤은 방을 돌아다니면서 라이더 컵에 대해서 개인적인 견해이건, 우리가 일요일에 어떤 결과를 예상해야 할지이건, 아니면 정말 어떤 이야기이건, 마음대로 기탄없이 이야기를 해달라고 했습니다.

모두가 이야기를 하고 제 집사람인 로빈이 마지막 순서였습니다. 그녀는 모두에게 하비의 말 '목표만을 생각하라'를 기억하기 바란다고 이야기했습니다. 우리는 그녀의 말대로 했고, 라이더 컵 역사상 최대의 역전드라마를 쓰며 라이더 컵에서 우승했습니다. 저스틴 레너드 — 하비를 알았으며, 텍사스 대학에서 데이비스 러브 주니어 장학금을 받았고, 하비의 제자 중 하나의 휘하에 있던 — 는 그 일요일, 골프 역사상 가장 유명한 퍼트 중 하나를 성공시키며 우리의 승리를 견인했습니다. 그 퍼트가 성공하는 순간의 함성은 전 세계를 뒤흔들었습니다. 잠시 교습을 쉬게 된 하비도 천당에서 그 함성을 들었을 것입니다.

라이더 컵 주장 중 하비와 밀접한 관계에 있었던 사람들의 긴 명단을 보면 제 목덜미의 털이 쭈뼛 서는 느낌입니다. 로이드 맹그럼, 바이런 넬슨, 벤 호건, 재키 버크, 데이브 마아, 래리 왯킨스, 톰 카이트, 벤 크렌쇼. 그리고 2012년 팀의 주장인 제가 있습니다. 이 명단에 제 이름 하나를 추가한다는 생각만으로도 소름이 돋는군요. 아무튼 제게 이것 하나만은 확실합니다. 제 골프 인생은 제 아버지가 페닉 씨를 알게 되었던 행복한 우연으로 가능해졌다는 것 말입니다.

2012년 1월
조지아 주, 씨아일랜드에서

추천의 글

톰 카이트

여러분이 알든 모르든 간에, 이제 여러분은 여태까지 쓰여진 것 중 가장 훌륭한 골프 지침서를 읽게 되는 것이다. 만일 하비 페닉에게서 레슨을 받아본 행운이 없었던 분이라면 내 말이 놀랍게만 들릴 것이다. 하지만 더욱 놀라운 것은, 여러분은 이 책에서 받게 되는 레슨으로 인해서 아주 즐거워질 것이고, 또 여기에서 자신의 게임을 발전시킬 수 있는 여러 가지를 배우게 될 것이라는 사실이다.

'페닉 씨의 아들' 하비는 수십 년 동안 자신이 가르치는 학생들에게 그런 영향을 주었다. 그는 한 벌의 오래된 청바지처럼 편안하고 어린아이처럼 가식이 없는, 여태까지 내가 만나본 사람들 중 가장 총명한 사람이다. 그는 사람들과 지혜롭게 사귄다. 그는 진정으로 사람들을 알고, 이해하고, 또 좋아한다. 그리고 사람들은 모두 그와 사귀는 것을 매우 즐거워한다.

사실 내가 가장 즐겁게 회상하는 것은 아무도 코스에 나오지 않던 어느 비오는 겨울날, 모두들 하비 주위에 둘러앉아 그가 무슨 생각을 하고 있을까 마음속을 들여다보려고 애를 쓰던 기억이다.

하비는 종종 자기가 좋은 선생이 될 수 있었던 것은 학생들이 치는 골프공을 다른 어느 누구보다도 많이 보았기 때문이라고 말하고는 했다. 하지만 연습장에서 학생들을 데리고 수없이 많은 시간을 보냈는데도 지도의 결과로 그 사실을 입증하지 못하는 선생도 부지기수이다. 하비의 학생들은 어느 누구랄 것 없이 실력이 향상되며, 동시에 하비는 선생으로서 더 큰 발전을 해간다. 오늘날까지도 하비는 매일매일 골프에 대해 새로운 것들을 배운다고 말한다.

스윙을 하는 방법은 단 하나뿐이라고 주장하는, 방법론적인 것에 치우친 요즘의 교사들과는 달리, 하비는 자기 학생이 자신의 성격에 맞는 스윙을 하도록 해준다. 그런 이유로, 대부분의 선생들이 훌륭한 선수를 한 명 키워내는 것만으로도 큰 행운이라고 여기는 데 반해, 하비는 무수한 대선수들을 키워낼 수 있었던 것이다. 그에게 지도를 받으러 오스틴에 들렀던 프로 선수들의 수는 너무도 많아 일일이 다 나열할 수 없을 정도이다. 하지만 다른 사람들보다 더 자주 찾아온 이들로는 미키 라이트, 벳시 롤스, 샌드러 파머, 주디 킴볼, 캐시 위트워스, 테리 딜, 돈과 릭 매센게일 형제 등을 들 수 있다. 봅 토스키는, 벤 크렌쇼와 나처럼 성격이나 육체적인 능력이 모두 현격히 다른 두 명의 선수를 어느 누구의 개성도 죽이지 않고 그렇게 훌륭하게 키워낼 수 있는 사람은 오직 하비 한 명밖에 없을 것이라고 말한 바 있다.

그러나 하비는 프로들만의 선생은 아니다. 그는 아직도 골프를 시작하는 초보자들이 처음으로 공을 공중으로 날려보내는 것을 쳐다보며 기뻐서 들뜨기도 하고, 핸디캡 21의 골퍼에게 벙커에서 벗어나는 법을 가르치기도 한다. 몇 년 동안 나는 싱글 골퍼가 가장 많은 클럽이 어디냐는 질문을 받으면서 제일 먼저 오스틴 컨트리 클럽을 꼽곤 했다. 왜냐하면 만일 하비를 선생으로 모시는 한, 골프를 배우는 사람이 시간만 좀 투자한다면 실력이 늘지 않을 수가 없기 때문이다.

하지만 하비가 우리에게 모두 똑같은 방법으로, 똑같은 것들을 가르친 것은 아니다. 나는 그가 그룹 레슨을 하는 것을 본 적이 없다. 오히려 그는 혹시라도 옆에서 구경하는 사람들이 자신들에게 적합하지도 않은 것들을 주워듣게 될까봐 구경꾼들을 쫓아보내는 사람이다. 벤 크렌쇼와 함께 30년이 넘도록 골프를 쳤지만 나는 단 한 번도 벤이 하비에게서 레슨을 받는 것을 참관하지 못했다. 그것은 벤도 마찬가지였다.

하비는 단어를 선택하는 데 너무도 신중한 나머지 어떤 때는 그다음 날이 되어서야 질문에 대한 답변을 하고는 했다. 자기의 답변이 혹시 어떤 오해나 착각을 불러일으키게 될까봐 걱정했기 때문이었다. 그런 심사숙고 끝에 나온 답변들은 항상 긍정적인 방식으로 표현되었다. 하비는 단 한 번도 '그렇게 하지 말라'는 말을 하지 않았다. 대신 '이렇게 좀 해보는 게 어떨까?'라는 긍정적인 표현으로 제자들에게 용기를 북돋워주었다.

세월이 흘러 나이를 먹고 이제 드라이버도 예전처럼 멀리 나가지 않고, 한 라운드에서 퍼팅하는 횟수가 29에서 33이나 34로 늘어도 우리가 하비에게서 배운 '사랑'만은 변하지 않고 남아 있다. 그것은 우리가 평소 알고 있던 자신의 모습보다 많은 것을 알게 해주는 골프 경기, 그리고 그 경기와 더불어 같이 게임을 하는 이들에게 느끼는 사랑이다. 하비는 곡괭이 자루를 휘두르듯 코스를 헤매는 초보자든, 벨벳같이 매끄러운 스윙을 하는 프로든 전혀 차별하지 않는다.

어떤 사람이 진정으로 골프를 좋아하기만 한다면 하비는 자신의 온힘을 다해 그 사람이 더 나은 게임을 할 수 있도록 도와주려고 한다.

하비가 자기 학생들에게 미치는 영향은 실로 엄청나다는 것을 다시 한 번 강조하고 싶다. 노스캐롤라이나 주 대학에서 교편을 잡고 있는 저명한 운동심리학자인 딕 쿠프가 언젠가 말했던 것처럼, 하비는 항상 알기 쉽게 비유를 써가며 골프를 가르친다. 우리 모두는 하비 역시 자신만큼이나 훌륭한 선생을 모셨을 것으로 생각하며, 그분에게도 깊은 감사를 드린다.

벤 크렌쇼

서부 텍사스 주에서 온 내 친구 하나가 하비 페닉에 대해 나와 긴 이야기를 나눈 끝에 "그 양반은 내가 아는 사람들 중에 가장 만족스럽게 인생을 살아가는 분인 것 같더군." 하고 말한 적이 있다. 난 그 한마디가 하비를 묘사하는 데 더할 나위 없이 적당하다고 생각했다. 훌륭한 골퍼로 텍사스 대학 대표선수로 활약까지 했던 그 친구는, 자주 하비 페닉을 머리에 떠올리며 하비의 교습 철학과 그의 가식 없는 인생관이 자신에게 어떻게 하면 사람이 가장 가치 있게 자기에게 주어진 인생을 활용할 수 있는가를 깨닫게 해주는 데 큰 도움이 되었다고 말하곤 했다. 만일 우리가 하비 밑에서 삶의 일부라도 보낼 수 있는 것이 얼마나 큰 행운이었는지를 좀 더 일찍 깨달았더라면….

골프는 하비에게 늘 가슴 뿌듯한 만족감을 느끼게 해주었다. 비교적 이른 나이부터 자기가 일생을 바쳐 할 일이 무엇인지를 깨달았다는 사실도 그의 만족감을 한층 더 높여주었을 것이다. 나는 종종, 골프가 아직 초보적인 단계에 머물러 있었던 1920년대에, 텍사스 골프의 발전에 상당한 영향력을 행사했던 최초의 프로 골퍼 잭 버크 시니어를 하비가 어떻게 만날 수 있었을까 궁금해하곤 했다. 하비는 몇 번이고 버크 가족 중에서 훌륭한 선생들이 많이 배출될 것이라고 말하곤 했기 때문이다. 버크는 필라델피아 출신으로, 복잡한 이론보다는 아주 실제적인 기본기의 교육을 선호하던 동부 해안지방의 스코틀랜드계 프로들의 영향을 받았을 것으로 짐작되는 선수였다. 하비가 특별한 관심을 갖고 있었던 것은 애틀랜타에서 약관의 보비 존스를 가르치던 스튜어트 메이든의 교습 방법일 것이다. 메이든의 조언은 복잡한 기술적 이론들이 아닌 간단명료한 것들이었고, 이것은 나중에 하비의 특징이 되어버렸다. 하비는 내게 여태까지 쓰여진 골프 지침서 중《보비 존스의 골프》라는 책이 가장 뛰어나다는 말을 한 적이 있다. 이 책에는 보비 존스 자신의 천재성은 물론이고, 은사인 메이든의 훌륭한 지도법이 누구나 쉽게 이해할 수 있는 상식과 존스 자신의 주옥같은 언어로 기술되어 있다.

골프의 발전에 관심을 가졌던 다른 수많은 사람들과 아울러 이들은 하비 페닉이라는 대선생의 탄생에 지대한 영향을 미쳤다. 하지만 대선생과 그렇지 못한 이들의 차이는 단지 갖고 있는 골프 지식의 많고 적음에 있는 것이 아니라, 선생으로서 필히 갖추어야 하는 지식을 전달하는 기술에 있다고 본다. 수많은 골프 선생들이 있지만 진정 하비와 어깨를 나란히 할 만한 선생은 거의 없다고 해도 과언이 아닐 정도로, 하비의 가르치는 기술은 실로 하늘이 내려준 큰 재능이 아닐 수 없다. 나는 하비가 평생을 골프를 가르치는 데 바치며, 학생에게 '무슨' 말을 할 것인가보다는 '어떻게' 말을 할 것인가에 더 많은 시간을 보낸 것을 잘 알고 있다. 자신이 만족스럽지 못한 플레이를 할 때 사람들 마음이 얼마나 나약해지고 흔들리는가를 잘 아는 하비는 항상 부드러운 말로 조언을 해주었다. 딱딱한 명령조의 조언이 아닌 신중하고 부드러운 말들을 선택함으로써 그는 우리를 부드럽게 난국에서 건져올렸던 것이다.

하비는 항상 제자들의 손바닥을 살피며 혹시라도 굳은살이 박힌 곳은 없는지 확인해보았다. 만일 굳은살을 발견했다면 그는 "자, 채 위에 손을 한번 올려놓아봅시다"라고 말한다. 그것은 손으로 '채를 붙들거나' '쥐거나' 또는 '감싼다'

는 생각을 갖지 않도록 하기 위해서였다. 이 '올려놓는다'라는 말은 '가볍게 그립을 쥔다'는 아주 중요한 뜻을 가진 것으로 클럽헤드의 스윙을 훨씬 쉽게 만들어주는 것이다.

하비는 여러 모로 내게 톰 모리스를 연상시킨다. 톰은 스코틀랜드 세인트 앤드루스 출신으로 브리티시 오픈을 네 번이나 석권했던 전설적인 골퍼였다. 톰은 선생으로서는 하비만큼의 명성을 얻지 못했지만 자신의 골프 철학과 골프의 전통을 설파함으로써 수많은 이들의 감동을 자아냈다. 세인트 앤드루스 클럽의 명예 프로요 관리인으로서 톰은, 골프가 지금의 모습을 가질 수 있도록 끊임없이 경기를 다듬었으며, 자신이 모든 수준의 골퍼에게 골프 경기가 즐거운 것이 되도록 하는 데 큰 공헌을 했다는 자부심을 느끼며 천수를 다했다. 톰은 현명했고, 모든 이들을 동등하게 대해주었으며, 모든 것을 편안하게 생각했다. 그를 기쁘게 하기는 어렵지 않았다. 곁에 친구가 있고, 이야깃거리가 되어줄 골프라는 게임이 있는 한 그는 항상 진정으로 만족해했다. 톰은 입버릇처럼 "난 하나님과 골프가 있으니 됐어"라고 말하곤 했다.

골프에 대한 진지한 생각을 해본 경험이 있는 분이라면, 평생을 골프를 배우려는 사람들을 도우며 살아온 하비 페닉의 글을 읽는 것만으로도 가슴 벅찬 즐거움을 느낄 것이다. 골프에 대해 기술한 부분은 간단하면서도 상식적인 말들로 풀어 쓰여 있어서 누구나 쉽게 이해할 수 있을 것이다. 그리고 잠시 동안이었지만 이 위대한 선생 곁에 있을 수 있었던 우리 제자들은 다른 어떤 사람에게서도 보지 못한 변함없는 호의와 아량, 그리고 남다른 친절함에 진정 뭉클한 감동을 느꼈다는 것도 덧붙이고 싶다. 나는 하비가 다른 사람에게 언성을 높이는 것을 단 한 번도 들어본 기억이 없다. 하비는 다른 이들에 대한 친절과 인정으로 가득찬 분이다. 존경스러운 하비 페닉 선생에 대해서는 입이 마르도록 찬사를 늘어놓아도 지나치지 않겠지만, 인생과 골프에 있어서 실로 최고의 귀감이 되는 분이라는 말로 이 글을 마칠까 한다.

벳시 롤스

하비 페닉은 내가 1975년 프로 경기에서 은퇴할 때까지 30년간 모셨던 유일한 선생님이었다. 하비는, 무한한 가치를 포함하고 있고 반박의 여지가 없는 원칙들을 단 몇 마디 전달함으로써 내게 골프와 인생을 가르쳐주었다. 때로는 유머러스하게, 때로는 가식 없는 간단명료한 말들로.

경기를 하며 머리가 복잡해질 때나 마음이 무겁거나 할 때면 하비는 항상 아늑한 피난처가 돼주었다. 하비의 얼굴을 보는 것은 항상 감동적인 일이었다. 나는 하비를 보며 또

한 번 감동을 받고 다시 기력을 회복하여 모든 것을 긍정적으로 바라보게 되는 계기를 마련하곤 했다.

하비는 나를 좋은 스윙의 기본이 되는 훌륭한 기초의 반석 위에 굳게 올려놓아주었다.

하비의 정신력, 윤리관, 열성 그리고 우러러볼 수밖에 없는 지혜는 알게 모르게 나를 더욱 강인하고 현명한 인간으로 만들어주었다. 하비 같은 분을 선생으로, 조언자로, 또 친구로 모실 수 있었던 것은 내가 받은 가장 큰 은혜라고 할 수 있을 것이다.

미키 라이트

나는 몇 시간 동안, 오스틴 컨트리 클럽의 연습장에서 하비 페닉에게 내 스윙을 보여주는 것뿐 아니라 그의 말에 귀를 기울이며 일거수일투족을 지켜볼 수 있는 행운을 가졌던 사람이다.

나는 늘 하비 선생의 간단한 교습 방법에 놀라움을 금할 수 없었다. 그는 좋은 그립이 스윙을 결정하는 가장 중요한 요소가 된다는 것을 역설했고, 학생들에게 좋은 스윙 감각을 느끼도록 해주기 위해서 낫에서부터 무거운 공이 달린 체인까지 자신이 고안한 수많은 기구들을 휘둘러보게 했다.

또한 까다로운 학생들을 일정한 틀에 맞추려고 하지 않

고 개성을 존중하며 각 개인에게 적합한 방법을 개발해주었다. 하비는 쇼트 게임을 중시했다. 그렇기 때문에 하비의 가장 뛰어난 제자들이라 할 수 있는 벤 크렌쇼, 톰 카이트, 캐시 위트워스는 이 부분에서 남다른 실력을 발휘할 수 있었던 것이다.

캐시 위트워스

하비 페닉은 더할 나위 없는 전문적인 교습 선생님일 뿐 아니라 아주 독특한 분이다. 하비는 자신이 원하면 얼마든지 경제적인 보답이나 대중들의 각광을 얻을 수 있었을 텐데도 단 한 번도 그런 것에는 관심을 보이지 않았다. 나 자신도 처음 몇 번을 빼고는 교습비를 내본 기억이 없다.

하비는 다른 이들에게 공을 더 잘 칠 수 있도록 도와줄 수 있다는 사실 자체가 자신이 받는 가장 크고 보람 있는 보답이라고 했다. 하비 선생이 평소 생활에서 보여주신 방정한 행동, 정직함과 성실함은 그의 골프 교습만큼이나 나에게 큰 감동을 안겨주었다. 나는 하비 선생을 본받으려 노력했고, 그것은 내게 크나큰 도움이 되었다. 나 자신이 교습 전문 선생이 되려는 이 마당에 하비 선생을 본받는 일은 더욱 중요한 일일 것이다.

하비 선생은 긴 세월 동안 수많은 사람들을 감동시켰고,

앞으로도 이 책과 선생을 곁에서 지켜볼 수 있었던 행운을 가졌던 사람을 통하여 계속 더 많은 사람들에게 감동을 줄 수 있을 것이다. 정말 그렇게 되기를 바라마지 않는다.

매리 리너 포크

나는 많은 사람들이 훌륭한 스윙과 함께 골프를 즐길 수 있도록 하는 데 하비 페닉이 어느 누구보다도 큰 기여를 했다고 생각한다. 나는 단지 베티 제임슨, 벳시 롤스, 벤 크렌쇼 같은 대선수들만을 지칭하는 것이 아니라 많은 하이 핸디캡 골퍼들도 포함하여 말하는 것이다. 하비에게 지도를 받아본 학생들은 모두 자신의 문제에 대하여 깊은 이해를 하고 있으며, 그 문제들을 해결할 열쇠를 선사받고 돌아가게 된다.

데이브 마아

골프계는 아주 특별한 사람들로 가득한 세상이다. 내가 골프를 쳐온 40년 동안 골프계에서 이런저런 사람들을 만날 수 있었던 것은 행운이었다. 나는 그 중에서도 하비 페닉 선생을 만난 것이 가장 큰 행운이었다고 생각한다.

나는 하비만큼 신사적이고, 골프나 골퍼들에 대해 그렇

게 헌신적으로 살아가는 사람을 본 적이 없다. 그는 오랜 세월 동안 자신이 가르쳐온 제자들의 후광만으로도 충분한 명성을 얻어야 할 분이다.

만일 선생들은, 그가 가르친 제자들이나 그들의 업적으로 평가되어야 한다면 하비 페닉은 골프 경기뿐 아니라 인생철학으로서의 골프에서도 최정점의 자리에 오르게 될 것이다. 나는 하비 페닉과 그가 그 장구한 세월 동안 조금의 흔들림도 없이 고수해왔던 모든 것에 깊은 사랑과 찬사를 보내는 바이다.

바이럴 넬슨

하비 페닉은 골프 역사상 가장 위대한 선생이다. 그는 나를 위시하여 내가 소개한 수백 명의 골퍼들에게 성실한 지도를 아끼지 않았다. 하비는 자신이 가르치는 대부분의 학생들에게 친구가 되어주는 훌륭한 신사이다. 나는 항상 그분을 가장 좋은 친구로 생각할 것이다.

골프교습의 '위대한 전설'로의 초대

몇 달 전 문예춘추사로부터 거의 30년 전에 제가 번역을 했던 하비 페닉의 《리틀 레드북》을 재출간하겠다는 연락을 받고 적잖이 놀랐습니다. 제가 놀란 이유는, 첫째 그 책을 아직도 기억하고 있는 골퍼가 있다는 것이었고, 둘째는 요새 같은 동영상의 시대에 그림도 사진도 없는 활자로만 된 골프 교습서를 출간하겠다는 출판사의 의지가 남다르게 느껴졌기 때문이었습니다. 과연 이 책이 지금 골퍼들의 흥미를 유발할 수 있을지 의심해볼 법도 한데 출판사 측에서는 조금의 망설임도 없는 것 같더군요.

처음 제가 이 책을 받아들었을 때 저는 바로 정형외과 수련을 마친 갓 서른이 된 군의관이었습니다. 당시 골프는 지금처럼 널리 보급되지 않아서 훌륭한 선생을 찾기도, 좋은 교습서를 찾기도 어려웠습니다. 마침 골프라는 새로운 운동을 접했던 저는 모든 게 신기하고 흥미로워서 전공했던 지식을 최대한 활용하고 문장도 열심히 다듬어 나름대로 공을 들여 열심히 번역하고 공부했던 기억이 납니다.

삼십 년이 흐르는 사이, 골프는 눈부신 과학기술의 발전에 힘입어 그야말로 최첨단의 과학 스포츠로 바뀌었습니다. 이전에 어렴풋이 머릿속에 있던 아이디어들은 이제 동영상으로 실현되고 최첨단의 컴퓨터 시뮬레이션으로 바뀌었습니다.

그럼에도 골프에는 과학만으로는 해결할 수도 설명할 수도 없는 감성적이면서도 심리적인, 그러면서도 육체적인 미묘한 밸런스가 있습니다. 이 미묘한 밸런스는 실제 현장에서 때로는 과학적, 기술적인 부분만큼이나 중요하고 결정적인 역할을 합니다. 오랜 세월 여러 번 되읽어보니 이 책 《리틀 레드북》은 기술적인 교습서라기보다는 골프의 이 미묘한 부분을 다스리고 달래는 데 도움이 되는 것 같습니다. 그래서인지 이 책을 쓴 저자에게는 항상 '골프 레슨계의 소크라테스'라는 수식어가 붙어 다닙니다.

저는 이 책이 독자 여러분들에게도 역시 큰 도움이 될 것이라 믿어 의심치 않습니다. 부디 이 책이 과학의 시대에 다시 읽는 골프교습의 어린왕자 같은 동화책이라고 생각하시고 천천히 읽고 음미하시기를 바랍니다. 아마도 골프에 대한 새로운 애정이 솟구치지 않을까 생각합니다.

모두에게 건투를!

시너지 정형외과 원장
김원중

모든 골퍼들이
훌륭한 경기를 하기를
바라는 마음으로,
그리고 골프를
가르치는 많은 분들의
길잡이가 되고 싶다는
바람으로

_ 하비 페닉

나의 리틀 레드북

어떤 나이 지긋한 프로가, 독창성이란 것은 누군가가 한 번도 언급한 적이 없는 것을 이야기하는 것이 아니라 자신이 진실이라고 믿고 있는 이야기를 하는 것이라고 말해준 적이 있다.

내가 〈나의 리틀 레드북〉이라고 부르게 된 이 노트에, 내가 보고 듣고 느낀 것들을 짤막짤막하게 기록해나가기 시작한 것은 60년도 더 지난 아득한 옛날부터였다. 최근까지도 나는 내 아들 틴슬리를 제외하고는 아무에게도 이 노트를 보여주지 않았다. 내 아내인 헬런은 혹시 보았을지도 모르지만. 하지만 헬런은 하비 페닉이라는 늙은 캐디와 평생을 살아온 사람이다. 골프에 관해서라면 어느 누구보다도 많은 것을 알고 있을 텐데 굳이 이 노트까지 펼쳐보았을까.

본래 나의 의도는 이 〈리틀 레드북〉을 오스틴 컨트리 클럽의 수석 프로로 있는 틴슬리에게 물려주는 것이었다. 틴슬리는 내가 50년 동안이나 그 자리를 지키다가 1973년에 명예 수석 프로라는 직함으로 은퇴할 때 나 대신 그 자리에 지명되었다. 그래서 나는 틴슬리가 이 조그마한 노트에 담긴 지식을 토대로 한다면 내가 하나님의 부르심을 받은 뒤에 혹시 어떤 난관에 부딪친다 해도 골프 선생으로 생활을 영위해나가는 데 도움이 될 것이라는 생각에서 이 노트를 물려주기로 마음먹었다.

틴슬리는 그 자신만으로도 벌써 훌륭한 선생이지만, 몇십 년에 걸쳐 쓰여진 이 노트를 참고하고 여기에 자신의 독창적인 안목까지 더하여 나름대로의 방법을 터득하게 되었다. 내가 직접 써내려간 이 노트는 단 한 권뿐이다. 나는 항상 이 노트를 서류 가방에 넣어 단단히 잠가놓곤 했다. 하지만 점차 내 노트가 두꺼워지자 대부분의 오스틴 클럽 멤버들과 내게 도움을 받으러 온 사람들이 내 〈리틀 레드북〉에 대해 알게 되었다. 내가 한평생 골프를 통해 알게 된 모든 중요한 사실들에 비하면 이 노트는 그리 두꺼운 편이 아닌데도 불구하고 말이다.

많은 이들이 내게 이 노트를 한 번만이라도 보게 해달라고 부탁을 해왔다. 하지만 톰 카이트건 벤 크랜쇼, 벳시 롤스, 캐시 위트워스, 베티 제임슨, 샌드러 파머건 아무리 사랑하는 제자에게라도 나는 절대 보여주지 않았다.

내 〈리틀 레드북〉이 특별 취급을 받게 된 이유는 세상에 한 번도 공개된 적이 없는 비전(祕傳)이 거기에 적혀 있어서가 아니다. 그것은 이 책에 적힌 골프 지식들이 시간의 모진 풍파를 견뎌내고 살아남은 것들이기 때문이다.

나는 가끔 완전한 우연이 아니고서는 도저히 할 수 없는 스윙 방법을 써놓은 책들을 읽는 경우가 있다. 하지만 내가 이 책에서 언급하는 것은 초보자나 중급자, 또는 프로나 어린이들이나 모든 사람에게 성공적인 결과를 가져온 것들이었다.

지난봄의 어느 날 아침, 나는 오스틴 컨트리 클럽의 베란다 근처에서 나무 아래 펼쳐진 잔디 위에 카트를 세우고 앉아 있었다. 나는 개인 간병인인 페니와 함께 있었다. 페니는 내 컨디션이 허락할 때면 집에서 클럽까지 짧은 거리를 카트를 몰아 데려다주는 친절하고 참을성 있는 아가씨이다.

나는 클럽에 들를 때 한 번에 한두 시간 이상 머물지 않고, 또 일주일에 서너 번 이상은 가지 않는다. 그것은 멤버들이 나를 볼 때 영면하기를 거부하는 망령으로 생각하지나 않을까 하는 생각에서이다.

나는 우리 클럽의 훌륭한 프로들의 교습시간 중에 끼어들어 이러쿵저러쿵 잔소리를 하려고도 하지 않는다. 연습장에서 잭슨 브래들리가 학생들을 가르치는 모습을 보면 가끔씩은 조언을 하고 싶은 충동을 느낄 때도 있지만 말이다.

하지만 이미 골프 사상 최고의 상금을 획득한 선수가 된 내 오랜 친구 톰 카이트가 카트로 건너와 잠깐 자기 퍼팅을 봐줄 수 있겠느냐고 부탁할 때면 도저히 거절을 할 수가 없다. 토미는 혹시라도 내가 기운이 없어 부탁을 들어줄 수 없으면 어쩌나 하고 걱정스럽게 물어온다. 하지만 그의 부탁은 언제나 내 가슴을 기쁨으로 설레게 한다.

나는 밤이면 천장을 쳐다보며 TV에서 본 토미의 경기 모습을 회상하고 그가 나를 찾아와주기를 기도한다. 토미가 부탁만 하면 나는 언제라도, 주말에 클럽에 나가지 않기로 한 나 자신의 규칙을 깨고 목요일, 금요일과 마찬가지로 토요일, 일요일 아침에도 그를 만나기 위해 페니에게 퍼팅 그린까지 데려다달라는 부탁을 한다. 페니가 강경하게 권하는 점심 식사보다도 토미의 퍼팅 연습을 구경하는 것을 더 좋아한다는 사실이 그녀를 퍽 난처하게 만든다는 것을 잘 알고 있지만, 내 발길이 저절로 끌리는 것은 나 자신도 어쩔 수가 없다.

가끔 그늘에 카트를 세우고 앉아 봄바람과 오스틴 호반의 푸른 물결이 반짝이는 클럽의 수려한 풍경을 즐기고 있노라면(이곳은 내가 알고 있는, 세상에서 가장 평화롭고 아름다운 장소일 것이다), 이제 막 프로의 세계에 발을 내디딘 신디 피그커리어가 다가와 인사를 하며 용기를 내어 혹시 자기 퍼팅 스트로크를 한번 봐주실 수 있겠냐고 물어오기도 한다. 나는 물론 기꺼이 응한다. 나는 이미 유명 인사가 되어버린 토미 같은 영웅에게 조언을 하는 것 이상으로, 신디 같은 자라나는 젊은 프로들에게 도움을 주는 것에서도 즐거움을 느낀다.

엊그제 저녁에는 시니어 투어의 돈 매센게일이 장거리 퍼팅 레슨을 받으려고 전화를 걸어왔다. 나는 이제 가는귀가 먹어 전화상으로는 잘 들을 수가 없기 때문에 헬런이 대신 수화기를 들고 이쪽저쪽에 대고 고함을 쳐야 했다.

얼마 전에는 시내 반대편에 위치했던 구(舊) 오스틴 컨트리 클럽의 어린이 그룹에서 톰 카이트와 함께 내게 교습을 받으며 자란 마스터스 챔피언인 벤 크렌쇼가 딸과 아내를 데리고 우리집에 들렀다. 벤은 아주 훌륭한 선수이며, 천부적인 재능을 가진 사람이다. 벤이 어렸을 때, 나는 혹시라도 그가 옳지 못한 방법을 배우게 되지나 않을까 하는 걱정에서 연습을 너무 많이 하지 않도록 주의를 주곤 했다. 이제 벤은 우리집에서 차로 십 분 정도 떨어진 바턴 크리크 컨트리 클럽에 벤 자신과 그의 파트너가 설계한 자신의 코스를 가지고 있다. 벤이 가끔 들르거나 경기에 나가 전화라도 해주면 나는 옛날을 회상하며 흐뭇함에 젖곤 한다.

벤이 떠난 지 얼마 되지도 않아 초인종이 울리며 클럽 멤버 중의 한 분인 길 쿠켄달 씨가 공군의 로빈 올스 장군과 함께 거실로 들어와 내가 휠체어에 앉은 채로 거실 카펫 위에서 교습을 한번 해줄 수 있는지 물어왔다. 이유인즉, 경기에 한 팀으로 나가게 되었는데 장군은 불과 몇 번밖에 골프를 쳐본 적이 없다는 것이었다. 나는 30분 만에, 그것도 거실에서 교습을 해줄 수 있을지 의문스러웠다.

올스 장군은 가슴 근육이 두툼한 아주 명랑하고 좋은 사람이었다. 사관학교 시절에는 미식축구 스타였다고 했다. 아주 우람한 근육을 갖고 있었지만 보비 존스 말대로 그것들은 쇠몽둥이를 맨손으로 구부릴 때나 사용할 뿐, 골프 클럽을 휘두르는 데에는 아무 소용이 없는 것이었다.

나는 장군에게 스트롱 그립과 허리 높이에서 허리 높이까지만 하는 아주 짧은 스윙을 처방해주었다. 그 장군은 풀스윙을 하기에는 근육이 너무나 발달해 있었지만 짧은 스윙만으로도 충분한 거리를 낼 수 있는 힘을 가지고 있었기 때문이다. 그 정도의 교습이라면 경기에 나가 100을 깨지는 못하겠지만 코스를 돌기에는 무리가 없을 듯싶었다.

길 쿠켄달 씨와 장군이 떠나자 헬런과 페니는 나를 나무랐다. 내가 너무 무리를 한다는 것이었다. 그들은 벤이 들르기 바로 전에 내가 텍사스 대학 팀에 들어가려던 아가씨를 붙들고 한 시간이 넘도록 이야기를 했다는 사실도 상기시켜주었다.

저녁 시간이 되면 몸이 지쳐가는 것은 사실이다. 하지만 마음만은 그렇지 않다. 내 가슴은 남을 가르치고 있었다는 설렘으로 가득 차는 것이다. 남을 가르치는 것 이상으로 내게 즐거움을 준 일은 없었다. 나는 운이 좋아 훌륭한 선수들을 알게 되고 그들을 가르치며 그들이 날로 발전해가는 모습을 지켜보는 것만큼, 파리에서 온 여행객에게 처음으로 공을 치도록 해 그녀가 고향으로 돌아가 남편과 함께 골프를 즐길 수 있도록 하는 데에서도 똑같은 즐거움을 느낀다.

소질이 조금 부족했던 학생이 내게서 지도를 받고 일급의 샷을 날리면 나는 "그 샷이 나를 즐겁게 하는 만큼 당신도 즐겁게 했으면 좋겠군요"라고 말한다. 나는 남에게 도움을 주었다는 기쁨에 팔에 소름이 돋고, 목까지 뻣뻣해지곤 한다.

나는 스윙이나 스탠스나 마음가짐에 대해 지속적으로 훌륭한 결과를 가져올 수 있는 바람직한 것들을 발견할 때마다 잊지 않고 항상 이 〈리틀 레드북〉에 적어두었다.

나는 가끔 거기에 덧붙여 내가 만나게 되었던 챔피언들에 대한 인상도 적어놓았다. 월터 하겐, 보비 존스로부터 벤 호건, 바이런 넬슨, 샘 스니드, 잭 니클라우스, 아놀드 파머, 카이트, 크렌쇼는 물론 롤스, 위트워스, 제임슨, 미키 라이트, 샌드러 파머 그리고 다른 여러 훌륭한 선수들에 대해 내게 떠오르는 그들의 단상들을 적어본 것이다.

나는 그림과 우화, 그리고 비유 등을 써서 교습을 함으로써 마음속에 샷메이킹의 씨를 뿌리려고 했다. 이들 역시 ─ 만일 효과가 입증된 것이었으면 ─ 이 노트에 기재되어 있다.

내가 긴긴 세월 선생 노릇을 하는 동안, 많은 직업적인 작가들은 내게 골프를 치는 법에 대해 함께 책을 낼 것을 제안해왔다.

나는 그런 제의를 받을 때면 항상 정중히 거절하곤 했다. 나 자신이 그럴 재목이 아니라고 생각했기 때문이다. 평생을 남을 가르치며 살아오기는 했어도, 골프라는 정복할 수 없는 게임 앞에 서면 나는 단지 하찮은 일개 학생에 불과하다. 나는 대중들 앞에 각광을 받으며 나설 목적으로 공부를 한 것이 아니다. 나는 돈에 대해선 단 한 번도 관심을 가져 본 적이 없었다. 내가 배우고 공부한 것들은 단지 내 제자들에게 나누어주기 위한 것이었고, 또 궁극적으로는 아들 틴슬리, 딸 캐서린에게 지식을 전해주기 위해서였다.

하지만 카트 바퀴 주위에 다람쥐가 뛰놀고, 반짝거리는 깃털을 가진 까만 찌르레기가 나뭇가지 위에서 매무새를 다듬던 그 부드러운 봄날, 나는 내가 너무 이기적인 게 아닌가 하는 생각을 하게 되었던 것이다.

내가 알게 된 지식들을 혼자만 감추고 있는 것이 어쩌면 잘못된 것일지도 모른다는 생각이 들었다. 어쩌면 내가 87년이라는 긴 인생을 살아오면서 이 훌륭한 직업을 향유할 수 있었던 것은, 다른 모든 이에게 내가 알게 된 것들을 전해주라는 하나님의 배려가 아니었던가 하는 생각이 머리를 스쳤다. 그 은혜의 진정한 의미는 아는 것을 나 혼자만 깊숙이 감추어두라는 뜻은 아니었을 것이다.

그 특별했던 날 아침, 클럽 근처에 있는 언덕에 사는 작가 버드 슈레이크가 우연히도 나무 밑에 앉아 있는 나를 찾아왔다. 페니는 버드에게 카트의 자리를 양보해주었다. 우리는 몇 분간 내가 텍사스 대학에서 33년 동안 골프 코치를 할 때 가르친 적이 있던 버드의 형, 부르스 이야기를 했다. 그러다가 갑자기 내 입에서 예상치 못했던 말이 불쑥 튀어나오고 말았다.

"당신에게 틴슬리 말고는 아무도 읽게 해준 적이 없는 것을 한번 보여주고 싶군요."

나는 말했다.

그러고는 서류 가방을 열어 그에게 내 〈리틀 레드북〉을 건네주었다. 나는 그에게 혹시 내 노트를 출간할 수 있도록 다듬어줄 수 있겠느냐고 물었다. 버드는 골프장 숲속으로 들어가 틴슬리를 데려왔다.

나는 틴슬리에게 우리 둘만 알고 있는 것보다 더 많은 사람들과 함께 책의 내용을 나누면 어떻겠냐고 물었다. 틴슬리는 얼굴에 커다란 미소를 머금고 있었다.

"저는 아버지께서 그런 말씀을 하시기를 학수고대하고 있었습니다."

틴슬리의 대답이었다.

그래서 그날 아침, 그 나무 밑에서 우리 셋은 내 〈리틀 레드북〉을 출간하기로 결정했다.

골프 처방

내가 여러분에게 아스피린을 처방한다고 해서 한 병을 다 먹어서는 안 된다.

골프 스윙에서는 아주 작은 변화 하나도 커다란 차이를 만들 수 있다. 좋은 결과를 초래한 작은 변화를 지나치게 과장하고 싶은 것은 인지상정이다. 하지만 더 잘 치고 싶은 욕심 때문에 도를 지나치게 되면 곧 다시 혼동이 되고, 길을 잃기가 십상이다.

교습은 연습을 대신하기 위한 것이 아니라 연습한 진가가 나타나도록 하기 위한 것이다.

무엇이 문제일까?

스윙에서 무엇이 잘못되었는가를 배우거나 남을 가르칠 때에는, 먼저 스윙 자세를 교정할 것인가 아니면 임팩트 때의 클럽페이스 각도를 바로잡아줄 것인가를 결정해야 한다.

고개를 드는 것

고개를 드는 것은 잘못 친 샷의 원인을 설명할 때 가장 흔히 거론되는 구실이다.

고개를 드는 순간, 여러분은 이미 잘못된 샷을 초래한 실수를 범하고 만 것이다.

내가 학생들에게 공을 끝까지 보라고 가르치는 것은 그것이 다른 것에 비해 그나마 아무런 해가 없다고 생각해서이다.

톱 프로들 중에도 공을 치는 순간까지 실제로 공을 보고 있다고 말하는 사람은 여태까지 단 서너 명밖에 만나보지 못했다. 심지어는 벤 호건마저도 다운스윙 중간쯤 어디에선가 공을 놓쳤다고 말한 적이 있다.

손의 위치

드라이버를 제외한 모든 샷에서 손은 왼쪽 허벅지 안쪽에 두는 것이 바람직하다.

드라이버를 칠 때는 손을 바지 지퍼 앞에 두는 것이 좋다. 그것은 만일 어드레스 때 손이 공 조금 뒤에 놓이게 된다 해도 좋기 때문이다. 그런 위치는 업스윙에서 공을 칠 수 있도록 해주는 것이다.

가장 중요한 골프채 세 개

멋쟁이에다가 아는 것이 많은 것으로 유명한 골프 저술

가 허버트 위런 윈드가 하루는 클럽으로 찾아와 골프백 안에서 가장 중요한 골프채 세 개가 무엇인지 순서대로 말해 달라고 부탁을 했다.

나는 '퍼터, 드라이버, 그다음에 웨지'라고 말해주었다.

허브는 자기가 벤 호건에게 똑같은 질문을 했더니 벤은 '드라이버, 퍼터, 그다음 웨지'라고 대답을 했다고 한다.

내가 그렇게 대답을 한 이유는 보통 라운드에서는 드라이버를 14번밖에 치지 않기 때문이다. 하지만 퍼팅은, 가까운 것은 오케이를 받는다고 해도 한 번 라운드에 적어도 23~25회는 해야 한다.

5피트 퍼트나 270야드 드라이브나 한 타인 것은 똑같지만 퍼트가 점수에는 훨씬 더 중요한 역할을 할 수 있다.

심리적으로 보자면 드라이버는 매우 중요한 것임에 틀림이 없다. 티에서 멋진 샷을 치면 자신감으로 충만하게 된다. 반면 드라이브를 몇 개 숲속으로 날려버리게 되면 자신감이 흔들리게 된다.

하지만 심리적으로는 홀 컵 안으로 퍼팅을 집어넣는 것보다 더 중요한 것은 없다. 퍼팅의 성공은 자신의 사기를 고취시키는 동시에 상대방의 기를 꺾어놓을 수 있다.

퍼팅을 잘하는 사람은 누구와도 겨룰 수 있지만, 퍼팅을 못하는 사람은 절대 남을 이길 수가 없다.

숲속에는 드라이버 장타 공들이 발에 차일 정도로 널려

있음을 명심하자.

그립

　나쁜 그립은 좋은 스윙을 포기한다는 뜻이다. 나쁜 그립을 가지면 공을 직각으로 치기 위해 스윙에 바람직하지 못한 수정을 가할 수밖에 없다.

　알 게이버거 같은 멋진 스윙을 한다 해도 그와 같은 방식으로 채를 쥐고 않으면 아무 소용이 없다. 만일 알이 손을 뒤틀어 보기 흉한 그립을 쥐고서 그 사람 특유의 우아한 스윙을 하는 것도 좋은 생각이기는 하지만, 그러기 위해서는 먼저 그 선수의 그립을 잘 관찰하고 그와 똑같이 채를 쥐어야 한다.

　선생 노릇을 하는 동안 나는 학생의 그립을 보아주는 것이 가장 어려운 문제라는 것을 알게 되었다.

　만일 어떤 학생이 몇 년간 골프를 쳐온 주말 골퍼인데도 전혀 나아지는 것이 없었다면 나는 단지 좋은 그립을 잡도록 손을 고쳐줄 뿐이다. 그러면 그 뒤로는 다시는 찾아오지 않는 경우가 대부분이다. 공이 너무도 안 맞아 나를 이 나라에서 제일가는 엉터리 선생이라고 생각하기 때문이다.

　나쁜 그립에서 좋은 그립으로 바꾸어 쥐려면 부단한 연

습이 필요하게 된다. 만일 학생 스스로가 그렇게 하려는 열의와 능력이 없는데도 단 한 번의 교습으로 보통 사람에게 그런 파격적인 변화를 요구한다면 난 정말 엉터리 선생일 것이다.

하지만 연습과 경기를 게을리하지 않는, 재능이 있는 학생이라면 그 효과는 거의 기적에 가까울 정도로 큰 차이를 내게 된다.

커비 애트웰은 내가 지도하던 텍사스 대학 팀에 들어오려고 연습을 하고 있었다. 그는 훌륭한 스윙을 하고 있었지만 클럽페이스가 열리는 약한 그립을 가지고 있었다. 그의 타구는 거의 항상 목표 오른쪽으로 날아갔으며, 클럽페이스를 직각으로 유지하려고 애를 쓰면 심한 훅이 생겼다.

그 학생이 치는 공을 파악하게 되자, 나는 그의 왼손을 오른쪽으로 옮기게 했다. 그런 다음 오른손도 조금 더 오른쪽으로 옮겨 쥐게 했다.

왼손을 옮긴다고 해서 자동적으로 오른손도 따라 옮겨야 하는 것은 아니다. 대개의 경우에는 한 손만 옮기고 나머지는 본래 위치를 고수하도록 해도 충분하다. 하지만 이 학생의 경우에는 양손을 모두 오른쪽으로 옮긴, 더 센 그립이 필요했던 것이다.

내가 손을 옮겨놓는 것을 바라보던 커비의 얼굴에는 의아하다는 표정이 떠올랐다.

"하비."

그가 말했다.

"이 그립으로 공을 치면 저쪽 담장을 넘어가는 훅이 날 거예요."

나는 한번 쳐보기나 하라고 말했다.

그는 빨랫줄같이 곧은 강력한 장타를 날릴 수 있었다. 그의 얼굴은 놀라움과 즐거움으로 범벅이 되었다. 커비는 텍사스 대학 팀에 합류해 훌륭한 선수가 되었다. 그는 실제 필드에 나가기 전에는 꼭 연습장으로 달려가 자신감이 붙을 때까지 새로운 그립을 연습하는 충분한 시간과, 열의와 재능을 가졌던 학생이었다.

아무리 좋은 그립이라고 해도 모든 사람에게 다 맞는 것은 아니다.

위쪽 손의 검지를 아래쪽 손의 네 번째와 다섯 번째 손가락 사이에 끼우는 인터로킹 그립은 손가락이 짧은 사람들을 위한 것이다. 진 사라젠, 잭 니클라우스와 톰 카이트는 이 그립을 쓴다.

아래쪽 손의 새끼손가락을 위쪽 손의 두 번째와 세 번째 손가락 사이 홈에다 놓거나 왼손 검지 위로 올려놓는 오버래핑 그립은 개인마다 조금씩 변형이 있기는 하지만 보통 골퍼나 프로들 사이에서 가장 많이 사용되는 방법이다.

벤 호건, 아놀드 파머, 바이런 넬슨, 벤 크렌쇼, 샘 스니드,

알 게이버거와 페인 스튜어트는 이 그립을 쓰는 수많은 사람 중의 극히 일부에 불과하다. 하지만 그들 중 누구도 남들과 똑같은 그립을 하지는 않는다.

손가락 열 개를 모두 사용하는 투 핸드, 또는 베이스볼 그립이라고 불리는 열 손가락 그립(사실 야구 배트는 주로 손바닥으로 잡는 것에 반해 골프채는 주로 손가락을 쓴다)은 여성이나 연로한 분들같이 힘이 좀 떨어지는 사람들에게 특히 적합하다. 베스 다니엘, 아트 월, 봅 로스버그 같은 톱 프로 선수들도 이러한 그립을 사용했다. 체구가 작은 앨리스 리츠먼 같은 사람은 내 문하에서 이 양손 그립으로 바꾼 뒤에 프로에 나갈 만큼 장타를 치게 되었고, 후에 가장 긴 드라이버 샷을 치는 이들 중의 하나가 되었다.

허브 윈드와 공저한 유명한 책《다섯 개의 레슨》에서 벤 호건은, 아래쪽 손의 엄지와 검지의 끝은 절대 닿아서는 안 된다고 기술했다. 다른 이들은 엄지와 검지를 방아쇠와 같이 꽉 붙여 하나가 되도록 하라고 가르친다. 보비 존스는 오른손 검지의 끝이 채의 손잡이에 닿지도 않는 형태의 오버래핑 그립을 썼다.

하지만 사실은 이렇다. 톱 플레이어들은 드로우나 페이드, 슬라이스나 훅이 나도록 자신들의 그립을 바꾸고 있는데도 옆에서 보는 사람은 전혀 그것을 알아차리지 못한다는 것이다. 톱 플레이어들은 자신이 느낌을 받은 대로 공을 쳐낼 수 있는 것이다.

나는 손가락이 긴 편이다. 긴 손가락은 오버래핑 그립을 함으로써 편안하게 채를 쥘 수 있다.

긴 자를 집어들고 거기에 맞도록 손을 쥐어본다. 그것은 복잡하게 어느 쪽으로 손의 브이(V) 홈을 보내야 하느니 어째야 하느니 장황하게 늘어놓는 것보다 좋은 그립을 훨씬 더 잘 설명해줄 것이다.

그저 긴 자 막대기를 하나 집어들고 거기에 손을 맞춘 뒤 스윙을 해보는 것이다.

그다음에는 똑같은 그립으로 골프 클럽을 쥐면 된다.

전술한 세 종류의 그립 중 어떤 것을 쓰든 나는 공통적으로 한 가지를 강조하고 싶다. 왼쪽 엄지손가락을 핸들 위에 똑바로 길게 내려놓지 말라는 것이다. 즉 엄지손가락을 약간 오른쪽으로 돌아가게 하라는 것이다. 언젠가 바이런 넬슨은 이 왼쪽 엄지손가락의 위치가 내가 가르치는 것들 중 제일 중요한 것이라는 말을 한 적이 있다. 그 이유는 백스윙의 정점에서 왼쪽 엄지손가락이 채 아래로 들어가려는 경향이 생기기 때문이다. 왼쪽 엄지를 약간 오른쪽으로 놓으면 채를 컨트롤하기가 쉽다.

텍사스 대학에서 코치 생활을 하는 동안, 나는 서 텍사스 출신의 많은 학생들을 접할 기회가 있었다. 서 텍사스 출신들은 스트롱그립을 하기로 유명한데, 그것은 그들이 대개

심한 바람과 고투를 벌이며 플레이를 해야 했기 때문이었다. 그들은 7번 아이언으로 도저히 믿어지지가 않을 정도의 엄청난 비거리를 낸다. 티만 벗어나면 3번, 4번 우드로 굉장한 거리를 내지만, 그 학생들은 드라이버만은 제대로 치지를 못했다. 그 이유는 스트롱 그립을 함으로써 클럽의 로프트가 줄게 되어 드라이버 페이스가 완전히 닫혀버리기 때문이었다.

내가 기억하는 한은 빌리 맥스웰이라는 학생이 내가 좋은 그립이라 부르는, 손들을 클럽 핸들 위에 똑바로 놓고 그립을 하는 첫 번째 서 텍사스 출신 학생이었다.

어떤 그립을 쓰든지 기본적인 것은 양손이 반드시 서로 접촉을 해야 한다는 것이다. 양손은 하나의 단위로 결속되어야 한다. 그들은 한 덩어리로 용접된 것 같은 느낌을 주어야 한다.

최상의 방편은 자신에게 잘 맞고 좋은 감각을 주는 그립을 찾아 그것을 고수하는 것이다.

만일 공이 그럭저럭 제대로만 날아가준다면 당신의 그립은 괜찮은 편이다.

만일 계속해서 그립을 가지고 이렇게 저렇게 바꾸다가는 새 그립에 적응하기 위해 백스윙에 범실이 생기며, 또 그 백스윙의 범실을 정정하기 위해 다음 스윙에 또 실수를 범하는 어리석음을 낳게 된다.

그립을 잡는 힘에 대해서 말하자면, 가급적 가볍게 쥐는 편이 좋다고 생각한다.

아놀드 파머 같은 사람은 그립을 세게 잡는 것을 좋아하지만, 여러분은 자신이 아놀드 파머가 아니라는 사실을 기억해야 한다.

왜글

나는 왜글의 주된 효용은 몸의 긴장을 풀어주고 아드레날린을 분비시켜 다음 순간 해야 할 샷을 위해 몸을 준비시키는 데 있다고 생각한다.

왜글은 동작이 좀 작은 연습 스윙이며, 여러분이 너무 왜글에 신경을 곤두세워 왜글의 원래 목적이 무엇인지 잊지 않는 한, 긴장을 풀 수 있는 좋은 방법의 하나이다.

내가 몸담고 있는 클럽의 멤버 한 명은 실제 스윙을 하기 전에 스물한 번이나 왜글을 한 적이 있다. 그래서 그와 한 조가 되어 플레이를 하는 사람들은 그의 차례가 되면 다른 데를 쳐다보고 딴짓을 하곤 했다.

벤 호건은 아주 단호한 충고를 한다. '왜글을 여러 번 하지 말라. 감만 잡고 바로 스윙을 하라.' 보비 존스는 두 번 이상 왜글을 하면 반드시 나쁜 샷을 치게 된다고 말한 바 있다.

나는 위아래로 커다랗게 몸을 움직이며 왜글을 하는 선수들을 좋아하지 않는다. 그것은 너무 아마추어같이 보이기 때문이다.

호턴 스미스 같은 위대한 선수는 단 한 번도 왜글을 하지 않았다.

채를 잡는 법

채를 잡는 데에는 단순히 채를 붙든다는 기술적인 면을 넘어서는 어떤 예술적인 기교가 있다. 뉴욕에서 있었던 일이다. 나는 세미나에 참석해 평소처럼 채를 들고 강연을 하고 있었다. 나는 나 자신을 밥 호프라고 생각하지는 않지만 사람들, 특히 많은 청중 앞에 섰을 때는 손에 채를 쥐는 편이 훨씬 이야기를 하기가 쉽다.

프로 한 명이 소곤거리는 소리가 내 귀에 들려왔다.

"하비 좀 보게, 골프채가 마치 정교한 악기라도 되는 듯 잡고 있잖아."

나 또한 바로 그렇게 느끼고 있다. 골프채는 내게 정교한 악기 같은 느낌을 준다.

휴스턴의 또 다른 강연회에서는 잭슨 브래들리, 지미 디마렛, 잭 버크 주니어와 같이 강연을 하고 있었는데, 나는 그곳에서 청중들에게 잭 버크가 얼마나 우아하게 채를 잡고 있는지를 지적했다. 그의 손은 너무나도 자연스러워 보였다.

"제가 한 말씀만 더 드리겠습니다."

잭슨 브래들리가 말했다.

"잭은 손만 완벽해 보이는 게 아니라 옷까지도 흠잡을 데가 없이 완벽하게 하고 다닙니다."

잭슨은 우리에게 자기의 손을 보여주며 말을 이었다.

"제 손가락은 조금 휜 편입니다. 제 그립이 잭의 그립과 비교해 손색이 없을지도 모르지만 채를 잡는 손의 모양은 절대 잭만큼 아름다워 보이지는 않을 것입니다."

벤 크렌쇼가 채를 잡는 것을 유심히 살펴보면 그의 손과 손가락들이 너무나도 우아하고 자연스러워 나는 그의 그립은 '예술'이라고 생각할 정도이다.

미키 라이트나 데이브 마아도 그런 말을 들을 만한 몇 명에 포함되는 선수들이다.

톰 카이트나 잭 니클라우스도 채를 잡는 그립만은 훌륭하지만 그들은 손가락이 짧고 또 내 눈에 그리 매력적으로 비치지 않는 인터로킹 그립을 사용하기 때문에 그렇게 우아하게 보이지는 않는다.

가장 쉬웠던 교습

내가 여태까지 했던 골프 교습 중 가장 쉬웠던 것은 돈 제뉴어리를 가르쳤던 일이다.

돈은 북 텍사스 대학 팀의 스타 플레이어인 동시에 텍사스 아마추어 서킷(circuit, 일련의 스포츠 경기 – 역자 주)의 우승자였는데, 그 텍사스 아마추어 서킷은 관록 있는 정례 토너먼트 라운드로 그 경기가 배출한 훌륭한 선수들의 이름을 거론하자면 책 한 권을 다 채울 수가 있을 정도였다.

돈은 서킷에서 우승자가 되자, 이제는 과연 자기가 프로 골프에 입문할 수 있을지가 궁금해졌던 모양이다. 그는 나를 찾아와서 자기의 스윙을 한번 살펴보고 나의 솔직한 의견을 말해줄 것과, 만약 어떤 결함이 있으면 교정해줄 것을 부탁했다.

나는 돈이 퍼팅을 몇 개 하는 것을 지켜보았다. 그러고는 연습장으로 그를 데리고 갔다. 나는 그에게 쇼트 아이언을 대여섯 번 쳐봐달라고 부탁했다. 다음에 나는 미들 아이언 대여섯 번, 롱 아이언을 몇 번 쳐보라고 부탁했다.

나는 그가 내 입에서 무슨 말이든지 나오기를 기다리고 있다는 것을 알 수 있었다. 하지만 그 대신 나는 드라이버를 몇 번 쳐보라고 다시 부탁을 했다. 그는 내 말대로 한 뒤 몸을 돌려 말했다.

"어떻습니까? 어떻게 하는 게 좋겠습니까?"

나는 대답했다.

"돈, 자네가 할 일은 채를 싸서 캘리포니아 주로 가 프로에 입문하는 것뿐일세."

그것이 내가 해준 교습의 전부였다.

손바닥이 하는 말

사람들은 마치 내가 손바닥에 박힌 굳은살의 위치나 두께만으로도 그들의 그립이 옳은지 그렇지 않은지를 알 수 있는 것처럼, 내게 자신들의 손바닥에 생긴 굳은살을 살펴봐달라고 부탁을 하곤 한다.

언젠가 어떤 사람이 샘 스니드의 손바닥에 생긴 굳은살을 보여달라고 부탁을 했던 것이 기억난다. 샘은 대답했다.

"전 굳은살 같은 건 없습니다."

샘은 자기는 마치 살아 있는 새를 잡는 것처럼 채를 잡는데, 새가 숨을 쉴 수 없을 정도록 꽉 쥐는 것이 아니라 단지 새가 도망을 가지 못할 정도의 힘으로만 잡는다고 말했다.

채는 견고하게 잡되 너무 꽉 쥐어서는 안 되며, 어깨와 팔꿈치는 약간 이완된 상태가 되어야 한다. 이것은 여성들에게 특히 더 중요한 사항으로, 이렇게 채를 잡으면 더 큰 스냅으로 공을 칠 수 있다.

굳은살은 채에 손을 올려놓은 상태에서, 실제로는 좋은 그립이 아니면서 좋은 그립처럼 보이게 하기 위해 손을 비틀 때 생겨나는 것이다.

손을 채 위에 올바르게 올려놓고 그냥 그 상태로 놓아둔다. 일부러 손의 브이(V)자 홈이 옳은 방향을 가리키도록 하기 위해 무리하게 손을 비틀면서 우왕좌왕할 필요가 전혀 없다.

만일 계속 그립을 한 상태에서 손과 손가락을 움직이는 것을 고집한다면 여러분은 두 가지 바람직하지 못한 것을 얻게 된다. 첫째는 좋지 않은 그립을 하는 것을 위장하여 자신을 속이게 되는 것이고, 둘째는 손바닥에 생기는 굳은살이다.

어릴 때 시작하는 것에 대하여

어린이가 골프를 시작해도 좋을 가장 적당한 나이는 그 아이가 골프 경기에 대해 흥미를 느끼기 시작할 때이다.

나는 한창 다른 일에 더 흥미를 느끼고 있는 아이에게 억지로 골프를 가르치려는 부모는 옳지 않다고 생각한다. 하지만 네댓 살밖에 안 된 어린아이라도 어머니나 아버지와 함께 나가 플레이하기를 원한다면 그것이 바로 골프를 시작할 시기인 것이다.

어린이에게 골프를 가르칠 때에는 그립이나 다른 것을 아주 정확하게 가르쳐주려고 애쓸 필요가 없다. 그저 아이들이 자신의 능력에 맞게 하도록 권장해야 한다. 하지만 손만은 항상 한 덩어리가 되도록 지도해야 한다.

어린이들에게 주는 채는 항상 로프트가 큰 것을 고르도록 한다. 어린이들이 로프트가 너무 작은 채를 사용하면, 공을 공중으로 퍼 올리려는 시도를 함으로써 문제점들이 생기기 시작하기 때문이다. 어린아이가 공을 띄우려고 노력을 하면 할수록 공은 점점 더 바닥에 깔리게 된다.

또 아이들의 채는 충분히 가벼워야 한다는 것을 염두에 두어야 한다. 너무 무거운 채를 가지고 스윙을 하면 아이들은 나쁜 그립을 배우게 된다. 자동차 대신 자전거를 타고 시내를 돌아다니는 것으로 유명했던, 그리스어 교수이며 50년 동안 텍사스 대학 테니스 코치직을 맡았던 내 사촌 D.A. 페닉 박사는 바로 그와 똑같은 이유로 너무 어린 나이에 테니스 채를 잡는 것을 말리고 다녔다.

아이들을 데리고 레슨 프로를 찾아갈 때에는 '도움'을 좀 받으러 간다는 말을 쓰도록 해야 한다. '교습(레슨)'이란 단어는 너무 딱딱해 마치 학교에 가는 것 같은 느낌을 주게 되기 때문이다. 학교란 항상 재미있는 곳은 아니니까 말이다.

골프는 무엇보다도 재미를 느껴야 한다. 나는 아이들에게는 절대 '가르친다'느니 '교습'이니 하는 말을 사용하지 않는다.

어린이들에게는 그룹 강습도 괜찮기는 하지만, 어떤 경우에는 아이들의 능력으로는 도저히 따라가기가 힘들 정도로 복잡한 것들을 가르쳐 너무 어려운 교습이 되는 수도 있다. 특히 자신은 제대로 치지도 못하면서, 자기도 제대로 이해를 못하는 골프 이론서에서 읽은 최신 지식을 아이들에게 가르치려는 그룹 지도 선생을 주의해야 한다.

예를 들어, 아이들 그룹 전체에게 벤 호건의 스탠스와 스윙을 모방하라고 가르치는 선생이 있다면 당장 아이를 그 그룹에서 탈퇴시키는 게 좋다. 호건의 스윙과 스탠스는 그에게만 독특한 것이다. 여러분의 자녀들은 그 나름대로 독특한 개성을 가지고 있다.

프로들은 단지 게임이 제대로만 돌아가도록 한 달에 한 번 정도 아이들의 스윙을 살피는 것이 좋다.

연습은 또 다른 것으로, 이것은 완전히 개인적인 문제이다. 어렸을 때 벤 크렌쇼는 항상 연습하는 것보다는 플레이를 많이 했고, 톰 카이트는 적어도 플레이하는 만큼은 연습을 했다. 벤 호건은 연습벌레였다. 바이런 넬슨은 플레이와 연습을 균형 있게 조화시켰다.

아이가 무엇을 원하든, 즉 플레이든 연습이든 그가 하고 싫어 하는 것을 시켜주어야 한다.

가장 좋지 않은 것은, 부모가 연습장에서나 필드에서나 아이에게 머리를 들지 말라느니 왼팔을 굽히지 말라느니 공을 끝까지 봐야 한다느니 하며 옳지도 않은 이야기를 가지고 계속 잔소리를 늘어놓는 것이다. 그것은 아버지나 어머니에게는 재미있는 일일지는 모르지만 아이에게는 오히려 해가 된다.

만일 여러분이 아이들에게 골프 코스에 자주 나갈 수 있도록 충분한 자유 시간을 주고, 전문적인 선생에게서 적당한 양의 도움을 받을 수 있도록 적절한 배려를 해주기만 한다면 여러분의 자녀는 여러분이 예상한 것보다 훨씬 빠른 시간 내에 여러분을 능가하게 될 것이다.

모든 공을 홀 컵에 넣어야 하는 이유

클럽에 나갔더니 득의에 찬 어떤 부모가 내게로 다가와 그들의 어린 아들이 방금 첫 버디를 기록했노라고 자랑을 늘어놓았다.

나는 그것이 아주 대단한 일이라고 칭찬을 하며, 그 어린이가 버디를 성공시킬 때 퍼팅 거리가 얼마나 되었는지를 물었다.

그 부모는 그 퍼트가 홀 컵에서 겨우 2피트밖에 안 떨어
진 거리여서 아들에게 첫 버디를 주기 위해 그냥 오케이를
주었다고 대답했다.

"달갑지 않은 소식을 전하게 되어 유감이로군요."

나는 말했다.

"그 애는 아직 첫 버디를 기록한 게 아닙니다."

그 어린이는 버디 퍼트를 실제로 성공시키지 않았을 뿐
아니라 잘못된 관념이 심어질 위기의 순간에 서 있다고도
할 수 있다. 홀에서 2피트 정도 떨어져 있는데도 진실을 외
면한 채 공을 집어들고 퍼팅을 성공시켰다고 주장할 수도
있는 것이다.

그런 어린이가 오케이라는 것이 없는 더 높은 수준의 플
레이에 도달하게 되면, 그 그릇된 생각으로 인해 짧은 퍼트
에 대한 불안감이 생길 수도 있으며, 그 불안감은 평생을 두
고 그를 괴롭히게 될 것이다.

나는 아무리 어리더라도 어린이들에게는 모든 퍼트를 홀
컵에 넣도록 하는 것을 원칙으로 삼고 있다.

어린아이가 아무리 짧은 거리라도 항상 퍼트를 해야 한
다는 것을 염두에 두고 성장을 하면, 그것은 자동적으로 그
가 하는 게임의 일부가 된다. 그렇게 하면 나중에 자라서 더
높은 수준의 플레이를 하게 될 때, 중요한 경기를 이기기 위
해 2피트짜리 퍼트에 직면한다 해도 항상 마음의 준비가 되

어 있을 것이다.

홀 컵 주위에서 배운다

골프는 항상 홀 컵에서부터 배우기 시작하여 티를 향해 후진을 하며 나아가야 한다.

나는 어린이들의 경우를 이야기하고 있는 것이다. 이것은 초보자들이라면 어른일지라도 똑같이 해당되는 이야기지만, 어른들은 이것이 너무 단조롭다고 생각한다. 성인이 되어 처음 골프를 시작하는 사람들, 그 중에서도 특히 남자들은 한 시간 동안 짧은 퍼팅을 연습하라고 하면 투자한 돈을 충분히 뽑지 못한다고 생각한다. 그들은 드라이버를 뽑아들고 공을 후려치고 싶어 하는데, 내게 배우게 될 경우 그것은 가장 마지막 순서로 하게 되는 일이다.

만일 어떤 초보자가 티에서부터 게임을 배워 쇼트 게임을 제일 뒤쪽으로 미루어둔 채 그린 쪽으로 점차 배워가려고 한다면, 이 사람은 평생 남보다 한 번이나 잘 치면 큰 행운일 것이다.

나는 어린이나 초보자는 공 한 개, 퍼터와 칩을 하기 위한 채 하나로 연습 그린에서 게임을 배우는 것이 좋다고 생각한다.

치핑 스트로크는 풀 스윙의 축소판이다.

어른들이 조금만 배려를 해준다면 어린이는 훌륭한 치핑 스트로크와 남들이 말로서는 도저히 가르쳐줄 수가 없는 미묘한 터치와 감(感)을 배우게 된다.

세상에서 가장 훌륭해 보이는 스트로크라고 해도 터치나 감이 없으면 그리 바람직한 것이 아니다. 세상에서 제일 좋은 스트로크란 그 어린이가 자신 있게 할 수 있고, 또 어떻게 해야 하는지 감을 잡고 있는 동시에 공을 홀 가까이 가져다놓을 수 있는 개성 있는 스트로크가 가장 적합한 것이다.

나는 우아하고 훌륭한 스트로크를 하지만 공이 어떻게 굴러갈 것인지 전혀 감을 잡지 못하는 사람보다는, 언제든지 감을 잡고 치핑이나 퍼팅을 하는 사람이 낫다고 생각한다.

역사상 가장 훌륭한 퍼팅과 치핑을 하던 사람들은 대개가 캐디 출신이었다.

나는 어린이들이나 초보자들은 공 한 개만을 사용해 그린 언저리에서 치핑을 하고, 그 공으로 퍼팅을 하도록 하고 있다. 이 방법으로 어린이들은 어떻게 해서 스코어를 하는지를 알게 되는 것이다.

어린이들에게 같은 홀에서 여남은 개의 공을 잇달아 치핑하도록 하는 것은 좋지 않은 방법이다. 이 방법은 실수를 너무 관대하게 생각해버리는 습관을 만들기 쉽다. 만일 어떤 어린이가 형편없는 칩을 했다고 즉시 다른 공을 하나 앞으로 끌어놓고 다른 칩을 하게 된다면, 이것은 자신의 실수에 대해서는 응분의 대가를 치르도록 되어 있는 골프의 냉엄한 현실을 깨닫게 해줄 수가 없는 것이다.

제일 좋은 방법은 어린이에게 연습 그린이나 연습 그린의 언저리에서 다른 어린이들과 시합을 하게 하는 것이다. 나는 그들에게 내기를 하도록 한다. 성냥개비든 사이다 한 잔이든 가상적인 US 오픈 챔피언십이든, 무엇이든 내기가 걸린 것이 있는 한, 어린이는 다른 어린이들보다 적은 타수로 공을 컵 안에 넣기 위해 정신을 집중하게 된다. 어떤 아이들은 골프를 하는 과정에서 그런 경쟁심을 갖게 되지만, 어떤 아이들은 아예 경쟁 따위에는 관심조차 없는 경우도 있다. 시합은 아이들에게 경쟁이라는 심리를 가르쳐준다. 그래서 경쟁에 관심이 없는 아이들은 자연히 골프를 그만두고 자신들이 진짜 관심이 있는 쪽으로 흘러가게 된다.

나는 내게서 정식 레슨을 받기 2년 전쯤, 당시 여섯 살배기였던 벤 크렌쇼가 자신의 부친 찰리와, 내 사촌의 후임으로 텍사스 대학 테니스 코치가 되었던 훌륭한 테니스 선수 윌머 앨리슨과 몇 시간이나 연습 그린 주위를 맴돌던 것을 기억한다. 벤은 그때, 자신을 역사상 가장 훌륭한 퍼터 중의 하나로 만들어준 터치와 스트로크를 체득하고 있던 것이었다. 얼마 지나지 않아 그는 어른들로부터 쿼터(25센트 동전 – 역자 주)를 따기 시작했다.

물론 모든 사람들이 골프를 홀 컵에서부터 뒤로 배워 나가야 한다는 내 의견에 동의하는 것은 아니다.

아놀드 파머의 부친은 그에게 아주 어릴 때부터 공을 세게 치는 것을 가르쳤다. 그들이 자주 나가던 코스에는 물 너머로 장타를 쳐야만 하는 곳이 있었다고 한다. 아놀드 파머는 그곳에서 어른들에게 10센트나 25센트를 걸고 자기가 그 물 너머로 공을 쳐 넘길 수 있다고 내기를 걸어 돈을 따냈다고 한다. 아놀드는 후에 최상급의 퍼터가 되었다.

그런 것이 골프이다. USGA(미국 골프 연맹 – 역자 주)에서는 규정한 룰 이외에, 골프를 어떻게 치고 또 어떻게 배워야 하는가에 대해서는 이렇다 할 정석이 없다. 하지만 나는 여러분의 자녀가 무엇보다도 먼저 연습 그린 위나 그린의 언저리에서 골프를 배우기 시작한다면, 대개의 경우에는 다른 방법을 쓰는 것보다 진전이 빠르고 그 기술이 훨씬 더 오래 지속될 것으로 굳게 믿고 있다.

도움이 필요한가요?

만일 어느 하루 형편없는 플레이를 했다면 빨리 그 일을 잊어버리는 게 상책이다. 만일 그다음 번에도 역시 형편없었다면 그립, 스탠스, 조준과 공을 놓는 위치 등 아주 기본적인 사항들을 점검해본다. 대개의 실수들은 채를 스윙하기 전에 이미 발생한 것이기 때문이다.

만일 세 번 잇달아 형편없는 플레이가 나왔다면 지체 없이 프로를 찾아가는 것이 좋다.

오른쪽 팔꿈치

내가 오른팔을 옆구리에 붙이라고 말하는 것은 다운스윙 때 그렇게 하라는 뜻이지 백스윙 때 그렇게 하라는 것이 아니다.

학생들은 그들이 전에 배웠던 수많은 괴상한 방법들을 가지고 나를 찾아오곤 한다. 그 중에는 오른쪽 겨드랑이에 수건을 끼우고 스윙을 하려는 사람도 있다. 그들의 오른쪽 팔꿈치는 몸통에 붙들어맨 것과 실제적으로 똑같은 셈이다. 그 결과 너무 짧고 플랫한 스윙(클럽이 수직보다는 수평면에 가깝게 움직이는 백스윙 - 역자 주)이 되어버린다.

백스윙 때는 오른쪽 팔꿈치가 자연스럽게 몸통 뒤쪽으로 가도록 허용한다. 하지만 공을 향해 다운스윙을 할 때에는 팔꿈치가 몸통 옆으로 돌아오도록 만든다.

학생들은 이 오른쪽 겨드랑이에 수건을 끼우고 스윙을 하는 방법이 아주 오래전부터 전해내려온 교습법이라고 말한다. 하지만 골프를 처음 발명하고 발전시켰던 스코틀랜드 사람들은 그런 식으로 가르치지 않았다. 해리 바든의 사진을 한번 보면 금세 확인될 것이다.

우리 팀에 있던 텍사스 주 출신의 훌륭한 아마추어 잭 먼저는 팔꿈치를 옆구리에 딱 붙인 상태로 플레이를 해 수많은 상패를 쟁취했다. 하지만 잭이 그런 방법을 써서 훌륭한 플레이를 할 수 있었다고 해서 여러분들도 마찬가지로 똑같이 해야 한다는 생각은 옳지 않다.

목표만을 생각하라

내 제자 중 하나였던 벳시 롤스가 미국 여자 오픈 결승전에 나갔을 때, 나는 그녀에게 단 한 줄의 짤막한 전보를 보냈다.

그것은 '목표만을 생각하라'는 글이었다.

벳시는 결승전에서 승리를 따냈다.

내가 보냈던 전보의 내용은 구체적으로 이런 뜻이었다.

'일단 골프공 앞에 어드레스를 하면 그 순간만은 공을 치는 것이 일생에서 가장 중요한 일이 되어야 한다. 목표를 설정해 그곳을 향해 정확한 조준을 하는 것 이외의 모든 생각을 잊어버려라.'

이것은 불안감과 초조함을 진정시키는 좋은 방법이 된다.

미국 여자 오픈 결승전에 나가는 벳시 롤스든 동료들과 2달러짜리 내기를 하는 하이 핸디캡 골퍼든, 누구든지 첫 티에서 불안해지기는 마찬가지이다.

4만 명이 되었든 4명이 되었든, 관중들 앞에서 혹시 실수를 해 망신을 하면 어쩌나 하는 걱정이나 자신의 스윙이 남들 눈에 어떻게 보일지 하는 생각을 하기보다는 공을 어디로 보낼 것인가에만 정신을 집중해야 한다. 모든 것은 마음먹기에 달렸다.

나는 시합이 시작되기 전에 팀 선수들에게 똑같은 말을 해준다.

'목표만을 생각하라.'

이 생각은 단지 첫 티만이 아니라 코스를 도는 동안 내내 염두에 두어야 하는 아주 중요한 마음가짐이다. 페어웨이나 그린 위의 한 목표점에 정확히 조준을 하고 머리에 어떠한 부정적인 생각도 깃들지 못하도록 마음을 가다듬은 뒤 자신 있게 스윙을 한다.

노련한 사람은 공이 목표 지점에 떨어질 것이라는 기대를 하며 전혀 당황하지 않을 것이다. 하지만 여기서 놀랄 만한 것 하나는 노련한 사람들조차도 때때로 머릿속에서 이런저런 잡다한 생각들을 해, 목표에 공을 떨어뜨린다는 샷의 가장 기본적인 목적에서 한눈을 파는 경우가 있다는 것이다.

이것은 아무리 강조해도 지나치지 않는 사항이다. 실제로 이것은 이 책에 쓰인 가장 중요한 충고라고 할 수 있다.

'목표만을 생각해야 한다.'

모든 샷을 할 때마다 이것을 염두에 두어야 한다. 이 생각은 단지 가끔 기억이 날 때나 몇 번 되뇌는 그런 것이 되어서는 안 된다.

'목표만을 생각하라.'

조심!

내가 텍사스 대학에서 코치로 있었을 때의 일이다. 골프 선수 한 명이 노스캐롤라이나 주에서 벌어지는 토너먼트 경기에 참가하고 있었는데, 그는 쉽게 첫 시합에서 승리를 따냈다.

그는 내게 전화를 걸어 의기양양하게 말했다.

"내일 시합하는 상대는 쉽게 이길 수 있을 것 같습니다. 그립도 엉망이고, 스윙도 엉망이거든요."

그러나 내 제자는 다음날 시합에서 패배의 고배를 마셨다.

"여기서 배울 교훈은 말이네…."

나는 며칠이 지난 뒤, 그 학생에게 말했다.

"그립은 좋아도 스윙이 나쁜 상대는 전혀 두려워할 이유가 없다는 거네. 그립이 나쁜데 스윙이 좋은 상대 역시 두려워할 필요가 없지. 실제로 두려워해야 할 상대는 나쁜 그립에 나쁜 스윙을 하는 사람이야. 만일 그 사람이 자네 수준까지 와 있다면 그는 자기 자신의 결함을 극복했을 것은 물론이고, 어떻게 스코어를 관리해야 하는지에도 일가견을 갖고 있을 테니까."

스코어에서 다섯 타를 줄이는 방법

보통 수준의 골퍼들은 한 타 한 타 서서히 줄여나가며 실력이 느는 것이 아니다. 실력의 향상은 계단식으로 나가게 되어 있다.

95타를 치는 사람이 연습을 꾸준히 하거나 레슨을 계속 받는다고 해서 서서히 94, 그다음 93, 또 92, 91, 90 순으로 스코어가 주는 것이 아니다. 87타를 치는 사람도 마찬가지다. 그들 역시 86, 85, 84로 점차적으로 줄지는 않는다.

대신 95는 갑자기 90으로 떨어지고, 87은 하룻밤 새에 81이 되는 것 같아 보일 것이다.

같은 맥락으로, 계속 80을 치던 사람은 자신도 모르는 사이에 재빨리 70대 중반이 될 것이다. 일단 여러분이 75타 근

처에 도달하게 되면 여러분은 더 이상 보통 골퍼가 아니라 발전의 속도가 훨씬 더뎌지는 최상급 선수의 수준에 가까워지는 것이다.

하지만 75타 골퍼들도 한 주 동안 열심히 연습을 하면 스코어가 3 정도 줄어드는 나지막한 계단을 올라갈 수 있다.

95가 왜 90이 되는지에는 여러 가지 이유가 있을 수 있다. 어쩌면 슬라이스가 나는 것을 고치는 방법을 터득함으로써 그렇게 될 수 있을지도 모른다. 87타는 티에서 드라이버를 20야드 더 멀리 치는 것을 터득해 더 적은 타수로 공을 그린에 올릴 수 있게 됨으로써 71이 될 수도 있다.

하지만 일반적으로 애당초 마술같이 기가 막힌 쇼트 게임으로 75타를 스코어하지 않는 이상 75는 쇼트 게임을 향상시킴으로써만 72타로 줄어들 수 있게 된다.

쇼트 게임, 이것이 바로 마법의 주문이다.

스코어가 높을수록 여러분은 쇼트 게임으로 더욱 신속하게 스코어를 줄일 수 있는 것이다.

여기에는 시비할 것이 하나도 없다. 골프를 자주 치는 사람이라면 누구든 샷의 반 이상이 깃대 60야드 내에서 치게 되는 것임을 알고 있을 것이다.

하지만 보통의 골퍼들이 연습을 하는 광경을 떠올려보면, 대개의 경우 그들은 연습장에 나가 드라이버를 후려치고 있다는 것을 알 수 있다.

만일 내가 보통의 골퍼에게 연습 시간에서 다른 긴 샷에 비해 쇼트 게임에 투자하는 퍼센트가 얼마나 되는가 물으면 그들은 쇼트 게임에 10 내지 20퍼센트를 쓴다고 대답을 할 것이다. 하지만 대개의 경우 이것은 거짓말이다. 보통의 골퍼는 첫 티를 향해 나가기 전, 고작 15분 정도 퍼팅을 몇 개 하는 것으로 쇼트 게임의 연습을 모두 마친다.

만일 여러분께서 게임에 빠른 진전과 1, 2주간에 다섯 타를 줄이기를 원한다면 연습 방법에 획기적인 변화를 주어야만 한다. 2주 동안 연습 시간의 90퍼센트를 치핑과 퍼팅에 배정하고 풀 스윙을 10퍼센트만 해본다. 만일 이렇게만 한다면 여러분의 95는 90이 될 것이다.

나는 보통의 골퍼가 고개를 끄덕이며 '알겠어, 알겠어, 그렇게 해야겠군.' 하고 말하는 모습이 눈에 선하다. 하지만 그 사람들은 실제로는 그렇게 하지 않는다.

대신 그들은 연습장으로 달려가 커다랗게 스윙을 하며, 네댓 개 잘 맞은 공이 쭉 뻗어나가는 것에 스릴을 느끼며 드라이버를 연달아 삼사십 개씩 쳐댄다.

나는 절대 내가 가르치는 대학 선수나 내게 조언을 구하러 온 프로에게 연달아 40개의 드라이버를 치는 것을 허락하지 않는다. 이것은 몸에 피로를 느끼게 할 뿐 아니라 아주 나쁜 습관도 야기시키기 때문이다.

내가 맡고 있는 대학 선수들이나 프로 선수들은 모두 노련한 골퍼들로, 쇼트 게임의 엄청난 중요성을 잘 이해하고 있다. 예를 들어, 톰 카이트는 풀 스윙에 많은 시간을 투자하지만 좋은 스코어를 내는 것은 쇼트 게임에 달려 있다는 사실을 알고 있기에 훨씬 많은 시간을 웨지, 치핑과 퍼팅 연습에 쓰고 있다. 왜냐하면 좋은 스코어가 나오지 않는다면 그는 골프에서 항상 가장 많은 상금을 차지하는 선수가 되지 못할 테니 말이다.

그런 이유로, 만일 여러분이 단시간 내에 다섯 타를 급히 줄이고 싶다면 긴 채들은 백에 다시 집어넣고, 연습 그린을 향해 발을 옮겨야 한다.

보비 존스는 낮은 스코어를 얻는 비밀이 세 타를 두 타로 줄이는 능력이라고 말한 적이 있다.

그 말을 생각하니 내가 예전에 관전했던 대학 경기가 기억난다. 우리 팀에는 빌리 먼이라는 좋은 선수가 있었는데, 그는 오스틴 컨트리 클럽에서 아칸소 대학의 R.H. 사이크라는 선수와 시합을 하게 되었다.

빌리는 매 샷을 정확히 페어웨이에 떨어뜨리고, 열일곱 번이나 공을 바로 그린에 올려 67타를 기록했다. 사이크는 페어웨이에 정확히 떨어뜨린 샷도 빌리에 비해 적었고, 그린에 바로 올린 것도 5회에 지나지 않았다. 하지만 사이크는 66타를 기록해 1타 차로 빌리를 눌렀다.

경기가 끝난 뒤, 나는 빌리를 찾아가 이야기를 했다.

"난 자네가 아주 자랑스럽네. 정말 멋지게 한 라운드를 플레이했으니까. 하지만 빌리, 오늘 자네가 본 사이크의 승리를 순전히 운이라고 생각해서는 안 되네."

사이크는 정말 놀랄 정도로 쇼트 게임에 능숙했고, 후에 프로에 입문함으로써 그것을 증명했다.

여러분이 사이크만큼 능숙한 쇼트 게임을 익히지는 못하겠지만 만일 열심히 치핑과 퍼팅 연습을 계속한다면 단시간 내에 스코어를 줄일 수 있을 것이다. 그것은 모두 여러분 자신에게 달린 일이다.

에머슨은 말했다.

"생각한다는 것은 세상에서 가장 어려운 일이다. 그렇기 때문에 '생각하는' 사람은 정말 손에 꼽힐 정도로 드물다."

너무 많은 골퍼들이 치핑과 퍼팅 연습이 어려운 일이라고 생각한다. 그런 이유로 그 연습을 하는 사람이 드문 것이다.

마음을 편히 갖는다는 것

내가 가장 아끼는 제자 중의 하나로 LPGA(여성 프로 골프 연맹 - 역자 주) 투어에서 발군의 실력을 나타내던 샌드러 파머가 언젠가 밤에 미국 여자 오픈 경기가 열리는 곳에서 내게 전화를 걸어왔다.

샌드러는 그린의 속도 때문에 걱정을 하고 있었다. 그녀 말로는 그곳은 그녀가 여태껏 본 곳 중에서 가장 미끄럽고 속도가 빠른 그린이라는 것이었다. 아침에 토너먼트가 시작되는데, 샌드러는 그런 그린에서 제대로 퍼팅을 해낼 수 있을까 하는 불안감에 사로잡혀 있었던 것이다. 스트로크를 바꾸는 게 현명한 일이 될 것인가?

나는 샌드러가 아주 훌륭한 퍼터라는 사실과 그녀에게 필요한 것은 그저 마음을 편히 가질 수 있도록 하는 위안의 말이라는 것을 알고 있었다.

"걱정 마, 샌드러."

나는 말했다.

"만일 그린이 정말 빠르다면 퍼팅할 때 좀 살살 치기만 하면 되지 않겠어?"

그것이 필요한 말의 전부였다.

학생들은 그린이 빠른 코스에 가면 더 무거운 퍼터로 바꾸는 게 좋을지 항상 물어본다. 그린이 빠르기로 유명한 오크몬트 클럽 멤버들의 골프백을 한번 살펴보면 대개의 경우 무거운 퍼터를 가지고 다니는 것을 알 수 있으니 그 말도 맞는 것일는지 모른다. 하지만 빠른(또는 느린) 그린의 코스에 나갈 때라도 자신이 평소에 가장 좋아하는 퍼터를 고수하는 편이 나을 것이다. 다른 퍼터로 감을 잡기보다는 차라리 다른 그린의 감을 잡는 것이 훨씬 쉬운 일이 될 테니까 말이다.

연습 스윙

　보통 수준의 골퍼가 두세 번의 우아하고 아름다운 연습 스윙을 한 다음, 공 앞에 자리를 잡고는 연습 때와는 전혀 딴판인 스윙을 해 엉망의 샷을 하는 걸 본 적이 있는가?

　이것은 거듭 일어나는 일이다.

　캐디로, 프로로, 선생으로 또 첫 티에서 시범삼아 공을 치며 지난 75년을 살아온 나는 아마도 세상에 살아 있는 누구보다도 많은 골프 스윙을 보아왔을 것이다. 방금 말했던 연습 스윙과 실제 스윙과의 차이는 적어도 백만 번 이상은 보았을 것이다.

　그럼, 보통 수준의 골퍼가 무슨 말을 하는지 한번 들어보자.

　'만일 연습 스윙처럼만 공을 칠 수 있다면 나는 정말 대단한 선수가 될 텐데….'

　연습 스윙과 같은 스윙으로 공을 치지 못하는 이유는 알고 보면 아주 간단하다. 연습 스윙 때에는 임팩트 때의 클럽페이스가 스퀘어하도록(클럽페이스가 목표선과 직각을 이루도록 놓여 있는 상태를 가리켜 '클럽페이스가 스퀘어하다'라고 한다 – 역자 주) 놓지 않아도 되기 때문이다. 그래서 그는 자연스럽게 스윙을 할 수 있는 것이다. 하지만 일단 골프공이 앞에 놓이게 되면 그는 무의식적으로 자신이 반드시 클럽페이스를 스퀘어하게 만들어야 한다는 것을 알게 되고, 그래서 긴장감 때문에 온몸에 힘이 들어가게 되어 오만 가지 범실을 하게 되는 것이다.

또 하나, 어떤 골퍼가 허공에다 대고 두세 번 멋진 연습 스윙을 하는 것을 본 일이 몇 번이나 되는가?

이런 스윙들은 몸의 긴장을 푸는 데는 도움이 될지 모르나 실제 공을 치는 데는 전혀 도움이 되지 않는다.

그러니 이제부터는 연습 스윙을 할 때 반드시 무엇인가를 겨누도록 한다. 민들레꽃이든 풀잎이든, 또 혹시 거실 안이라면 카펫의 한 부분이라도 목표로 삼고 스윙을 한다(하지만 나 때문에 그렇게 했노라고 부인에게 내 탓을 하지 않았으면 좋겠다).

연습 스윙 때 무엇인가를 겨누는 것은, 여러분이 클럽페이스를 스퀘어하게 만드는 것을 배우는 데 도움을 줄 것이다. 앞으로는 절대 무엇인가를 겨누지 않고는 연습 스윙을 하지 않도록 한다. 코스에 나가 골프를 칠 때 매 샷마다 두세 번의 연습 스윙을 하게 되면 시간이 너무 많이 걸리게 된다. 요즘처럼 한 라운드에 네댓 시간씩 걸릴 때에는 가급적 플레이 시간을 줄여야지 더 지연시켜서는 안 될 것이다.

잉글랜드나 스코틀랜드의 골프 코스 중에는 첫 티 앞에

다음과 같은 게시판이 서 있는 곳이 여럿 있다.

'골프 한 라운드는 세 시간 십오 분 이상이 소요되지 않습니다. 코스에서 그 이상 지체하시는 분은 진행 요원에 의해 경기가 중단될 것입니다.'

여러분은 아마 연습 스윙을 한다고 페어웨이에서 어정거리는 스코틀랜드 사람은 본 적이 없을 것이다.

보통 수준의(애버리지) 골퍼

나는 '보통 수준의 골퍼'라는 말을 자주 쓰기는 하지만 가끔씩은 나 자신도 도대체 보통 수준의 골퍼가 어떤 것일까 의아해하곤 한다.

어디선가 읽은 바에 의하면 통계적으로 보통의 성인 남자 골퍼는 평균 92타를 친다고 한다.

나는 그것을 믿을 수가 없다. 매 스트로크를 계산하고 USGA 룰에 의거하여 플레이를 한다면 그럴 리가 없다. 남자 티에서 우리의 피트 다이 코스를 돌며 모든 샷을 홀 컵에 넣도록 한다면 보통 수준의 골퍼는 100타를 깰 수가 없을 것이다.

한번은 일본인 네 사람이 도쿄에서 우리 코스를 라운드해보기 위해 특별 손님으로 내방한 적이 있었다.

나는 우리 코스에 마련된 네 종류의 티 - 여성용, 노인용, 남자용 그리고 챔피언십 - 중 어떤 것을 권해야 할지를 알기 위해 어느 정도 수준의 플레이를 하는가 물었다.

그 사람들은 자신들이 보통 수준의 골퍼라고 대답하며, 전 코스를 감상하기 위해 챔피언십 티에서 라운드를 하고 싶다고 말했다.

나는 그들이 코스를 가로지르는 계곡들 위로 공을 넘길 수가 없기 때문에 백 티에서 전 코스를 감상할 수 없을 것이라는 사실을 알고 있었지만, 어쨌든 그들은 손님이었으니 그저 두고 볼 수밖에 없었다.

그 사람들은 공을 세 개나 잃어버리고 근 20분이나 걸린 뒤에야 비교적 쉽다는 평을 듣는 첫 번째 홀 - 골짜기를 끼고 왼쪽으로 날카로운 도그레그(dogleg, 대개 티 샷이 떨어지는 지점 중간쯤에서 갑작스레 방향이 바뀌는 홀, 방향은 우측이나 좌측, 어느 쪽으로도 바뀔 수 있다 - 역자 주)가 된 오르막 코스 - 을 마칠 수 있었다. 여섯 시간쯤 지난 뒤, 그 일본인들이 아직도 코스에 있다는 사실을 깨달은 나는 그들을 찾아나섰다.

그들은 14번 홀에 있었다. 한 명은 숲속에, 또 한 명은 언덕 등성이의 무성한 러프에서 공을 찾고 있었다. 나머지 한 명이 미소를 지으며 내게 인사를 했다.

"아주 훌륭한 코스로군요."

그가 말했다.

"어떻게들 하고 계십니까?"

나는 물었다.

"아주 좋습니다."

그의 대답이었다.

딕 메츠는 클럽 프로가 반쯤은 노새에 반쯤은 노예라고 말한 적이 있다. 나는 그들을 코스에서 몰고 나오는 대신 어두워지기 전에 라운드를 끝낼 것을 정중하게 재촉한 뒤 클럽하우스로 돌아왔다.

나중에 나는 그들이 스코어를 계산하는 것을 들었다. 모두가 90대 초반을 기록했다는 것이었다.

하지만 사실은 USGA의 룰로 계산하면 단 한 사람도 100을 깬 사람이 없었다. 그것도 처음 9홀에 말이다.

하지만 물론 그들도 진짜 보통 수준의 골퍼는 아니었을 것이다.

어디로 조준이 되었는지를 아는 방법

스탠스를 잡은 다음, 양 허벅지 앞에 클럽샤프트를 가로로 대본다. 채가 어디를 가리키고 있는지를 보면 여러분이 어느 곳을 조준하고 있는가를 알게 될 것이다.

양발 앞 땅바닥에 채를 내려놓는 것으로는 어느 곳으로

조준이 되었는지를 정확히 알 수가 없다.

어떻게 조준을 할 것인가에는 이런저런 이론들이 많다.

공을 정확하게 쳐보자. 그러면 그 공은 여러분이 어디를 조준했는지를 보여줄 것이다. 여러분이 이것을 알게 되면 어떻게 조준할 것인가는 바로 여러분 자신의 마음이 가르쳐줄 것이다.

황혼기의 골퍼

골프가 가진 훌륭한 특성 중의 하나는 그것이 평생을 두고 즐길 수 있는 게임이라는 것이다.

실제로 황혼기 – 나는 '노인'이라는 말보다는 이 말을 훨씬 좋아한다 – 에 접어든 분들은 젊었을 때보다도 더 골프 게임을 즐기게 되는 경우가 많다. 이것은 골프가 오래 치면 칠수록 자유를 만끽하게 해주고 우정을 나눌 수 있는 장소를 제공하며 아름다운 경관과 더불어 야외로 나오는 즐거움도 줄 뿐 아니라, 골프 게임 자체가 가진 심오한 신비의 가치가 점점 더해지기 때문이다.

체스와 마찬가지로 골프는 항상 도전할 거리를 제공하는, 영원히 정복할 수 없는 게임이다.

골퍼가 황혼기에 접어들면 시력, 근력, 유연성과 또 허리의 움직임에도 영향을 미치게 된다.

하지만 황혼기에 들었을지라도 계속 젊었을 때처럼, 혹은 세월이 가져다준 지혜나 새로운 골프 용구에 힘입어 젊었을 때 이상의 스코어를 내는 방법이 여럿 있다.

최우선으로, 황혼기에 접어든 분들은 좋은 컨디션을 유지하기 위해 모든 노력을 경주해야 한다.

만일 걸어서 코스를 돌 수 있다면, 그렇게 해야 한다. 골프 카트에서 내려야 한다. 만일 같이 플레이를 하는 친구들이 카트를 타고 가자고 고집을 부리면 그들과 함께 타고 가는 것도 괜찮은 일이기는 하지만 기회가 생길 때마다 카트에서 뛰어내려 걷는 것이 훨씬 좋다.

괜히 친구들까지 지체시키는 것이 아닐까 하는 걱정일랑 접어두고 필요한 것으로 생각되는 채 두세 개를 집어들고 걸어다니는 것이다. 실제로 대개의 경우 걸어다니는 팀이 카트를 타고 다니는 팀보다 라운드 시간이 덜 걸린다는 사실을 알아야 할 것이다.

카트를 타고 다니는 골퍼들은 항상 이쪽저쪽으로 이 공저 공을 따라다니기 때문에 시간이 많이 걸리게 된다. 만일 골프장 룰로 카트가 카트 길을 벗어나지 못하게 못박아놓았다면 카트를 타고 다니는 골퍼들은 채를 고르느라 시간을 허비하기가 일쑤이고, 공에서 백까지 쓸데없이 왔다 갔다 하게 되었을 것이다.

카트는 그것 없이는 힘에 부쳐 코스를 돌 수 없는 황혼기의 골퍼들에게는 아주 유용한 도구이다. 우리 멤버 중의 한 명은 산소 탱크에 묶여 있다시피 했는데, 골프 카트 덕택에 계속 골프를 즐길 수 있게 되었다.

내가 지켜본 바에 의하면, 걸어다니는 분들은 곧 자신과 비슷한 분들과 어울리게 되는 것을 알 수 있었다. 만일 여러분이 가벼운 백을 지고 걷기 시작한다면 얼마 지나지 않아 비슷한 생각을 가진 분들과 만나 정규 팀을 만들 수 있을 것이다.

걸어다니는 것은 황혼기의 골퍼들에게 튼튼한 다리를 유지할 수 있게 해주며, 튼튼한 다리는 더욱 강력한 스윙을 가능하게 해준다.

황혼기의 골퍼들은 백스윙 때 반드시 왼쪽 발꿈치가 땅에서 들려 올라오도록 해야 하는데, 이것은 아주 중요한 것으로 특히 강조를 하고 싶은 부분이다.

더 길고 자연스러운 스윙을 위해서는 왼쪽 발꿈치가 들리고 백스윙 때 왼팔이 구부러지는 것을 허용해야 한다.

요즘 어떤 선생들은 배우는 학생들에게 왼쪽 발꿈치를 땅에 붙여둘 것을 요구한다. 나는 골퍼들의 나이와는 관계 없이 그런 것에 동의하지 않으며, 특히 황혼기에 접어든 분들에게는 더더욱 그렇다.

연로한 골퍼의 스윙에서 가장 중요한 요소는 몸통의 회

전이다.

나이가 들수록 몸통의 회전은 더 어려워진다. 왼쪽 발꿈치를 땅에 고정시켜 유지하려고 하면 몸통의 회전은 더욱 힘들어지게 된다. 그렇다고 왼쪽 발꿈치를 의식적으로 들어올릴 필요는 없다. 그저 몸의 회전에 따라 자연스럽게 들려 올라가도록만 하면 된다.

왼팔을 곧게 펴는 것 역시 몸통의 회전을 저해하는 요소이다. 만일 황혼기의 골퍼가 가슴이나 배에 살이 많이 붙었다면 백스윙의 정점에서 왼팔을 곧게 펴려고 애를 써서는 안 된다. 나이가 들수록 여러분은 스윙을 가급적 길게 하려고 해야지, 그 반대로 짧게 하려 들면 안 되는 것이다.

스윙을 방해하는 또 한 가지는 너무 오랫동안 고개를 숙이고 있는 것이다. 나는 한 학생에게 고개를 들지 말라는 주의를 기껏해야 한 달에 한 번 정도만 준다. 그런데 나이가 많은 골퍼에게는 그런 말을 거의 하지 않는다. 머리를 너무 오래 숙이고 있는 것은 좋은 폴로스루(타구의 효과를 더욱 올리기 위하여 타구 후 스트로크를 충분히 뻗치는 것 – 역자 주)를 방해한다. 그것은 머리를 숙인 채로는, 훌륭한 피니시를 가능케 하는 요소들 중 어떤 것을 희생하지 않고서는 허리 앞을 스윙해 지나갈 수가 없기 때문이다.

튼튼한 다리와 긴장하여 뻣뻣해진 근육들을 유연하게 만들어주는 스트레칭 운동을 제외하고, 나이 드신 골퍼들이 최우선으로 고려해야 할 것은 적절한 채의 선택이다.

몇 십 년 동안 몸에 익었던 스윙을 뜯어고칠 필요까지는 없지만 이제는 여러분의 백에 5번, 6번 그리고 특히 7번 우드를 첨가(현재는 우드를 대체할 많은 유틸리티 채들이 나오고 있다 –역자 주)할 때이다. 황혼기에 접어든 분들은 스윙에서가 아니라 채에서 로프트를 얻어야 한다. 로프트가 더 큰 채를 사용함으로써 여러분은 젊음과 근력을 적절히 보강할 수 있을 것이다. 나이가 많은 골퍼들은 반드시 더 유연한 샤프트의 채를 사용해야 한다. 젊었을 때 'S(stiff, 스티프)' 채를 사용했다면 'R(레귤러)'로 바꾼다. 만일 'R'샤프트를 사용하고 있었다면 'A' 샤프트로 바꿀 필요가 있을지도 모른다. 이제는 젊었을 때만큼 세게 치지를 못하기 때문에 유연성이 적은 채로는 충분히 그 장점을 살릴 수가 없다.

남자분들은 D-0나 그 이하의 스윙웨이트(무게의 분산 –역자 주)를 가진 채를 사용해야 된다. 여성들은 C-6나 C-8 이상의 채를 쓰면 안 된다.

황혼기에 접어든 사람들의 상당수는 손에 관절염이라는 문제를 가지고 있다. 그런 분들은 채를 잡는 것을 돕기 위해 손의 모양대로 만들어진 '빌트 업 그립(built-up grips)'을 사용할 수도 있다. 손에 관절염이 있는 골퍼에게는 탄성이 있는 푹신푹신한 합성물질로 된 그립이 가장 좋다. 가죽은 충분한 탄력이 없어 적절하지 않다.

나는 황혼기에 접어든 분들이 거리를 더 내려는 욕심에 더 긴 샤프트의 채로 바꾸는 것을 옳다고 생각하지 않는다. 채의 길이가 길어지면 스윙 플레인에는 큰 변화가 생기게 된다. 긴 채를 쓸수록 스윙 플레인은 업라이트에서 플랫한 쪽으로 변화한다. 플랫 스윙은 더 많은 몸통 회전을 필요로 하는데, 이것은 나이 많은 분에게는 쉽지가 않은 것이다.

만일 여러분이 공을 정확히만 맞힌다면 충분한 거리를 얻을 수 있을 것이다.

황혼기에 접어든 분들은 손을 더 빨리 움직일 수 있게 해 주는 '열 손가락 그립(베이스볼 그립)'으로 바꾸어보는 것도 좋다.

황혼기에 접어든 사람들에게 일어나는 불리한 점은, 대부분이 골프 코스를 유지하고 관리하는 데 혁신적인 발전이 있기 전, 즉 잔디가 잘 유지되지 않아 공을 내려쳐야만 했던 시절에 골프 게임을 배웠다는 것이다. 그런데 오늘날의 페어웨이는 무성하고 급수가 잘 되어 있어서 예전의 방식인 공을 내려치는 테크닉은 시대에 뒤떨어진 구식이 되어버렸다.

황혼기 골퍼 중의 상당수는 아이언 샷 때 공을 스탠스의 한참 뒤편에 놓는 것으로 배웠을 것이다. 잘 유지된 근래의 페어웨이는 그 테크닉 역시 구식으로 만들어버렸다. 예전에 우리들이 골프를 쳤던 시절에는 풀 없는 맨땅에 놓고 공을 치곤 했었는데 말이다.

오늘날, 아이언 샷은 공을 스탠스의 한가운데 이상 뒤로 놓아서는 안 될 것이다.

황혼기에 접어든 사람들은 나이 드신 분들의 문제점들을 잘 이해하고 있는 프로를 찾아가 정기적으로 상담을 하는 것이 좋다. 여러분은 이때 수십 년간 사용해왔던 골프 스윙을 몽땅 뜯어고쳐 새로운 스윙을 가르치려는 선생보다는 이미 몸에 밴 스윙으로 최선의 게임을 할 수 있도록 도와주려는 선생을 택해야 한다.

황혼기의 골퍼들에게 할 수 있는 가장 중요한 충고는 연습시간의 75퍼센트 이상은 쇼트 게임에 바쳐야 한다는 것이다.

나는 어떤 나이의 골퍼이든지 항상 쇼트 게임의 중요성을 강조한다. 이 부분은 평생 90을 깨보지 못한 나이 드신 골퍼가 타수를 줄일 수 있는 유일한 방법이다. 은퇴한 분들에게는 쇼트 게임을 연습할 수 있는 충분한 시간이 있다. 게다가 쇼트 게임은 근력이나 유연성을 그리 필요로 하지 않는다는 이점도 가지고 있다.

나이가 들고 몸이 말을 안 들어 퍼팅이 제대로 되지 않는다는 변명일랑 아예 입에 담지 않는 게 현명하다. 골프 코스에 나가보면 항상 훌륭한 치핑과 정확한 퍼팅을 해내는 노익장들을 얼마든지 만날 수 있다.

물론, 나이 드신 골퍼들은 몸이 탄탄한 젊은 사람들만큼 공을 멀리 쳐보내지는 못한다. 하지만 일단 그린 언저리에 도착하면 젊은이나 여러분이나 똑같이 동등한 입장이 된다. 뿐만 아니라 만일 쇼트 게임 연습만 충실히 했다면 여러분은 젊은 친구에 비해 훨씬 유리할 수도 있는 것이다.

내가 어린이들에게 권하는 것과 마찬가지로, 황혼기의 골퍼들 또한 한 번에 한 바구니를 쳐대는 것보다는 공을 단한 개만 가지고 치핑과 퍼팅 연습을 하는 것이 최대의 효과를 얻을 수 있는 방법이다.

마치 코스에 나가 플레이를 하는 것처럼 공 한 개로 피칭이나 치핑을 하고, 그 공을 가지고 홀 컵에 들어갈 때까지 퍼팅을 한다. 이 방법은 여러분의 집중력과 감각을 향상시켜줄 것이다.

여러분에게는 시간이 충분하다. 연습을 통해 훌륭한 게임을 창출해내는 것이다. 여러분의 몸은 황혼기에 접어들었을지는 모르지만 마음만은 아직도 이팔청춘이란 것을 잘 알고 있지 않은가?

왼쪽 발꿈치

왼쪽 발꿈치를 어떻게 할 것인가는 가르치는 유파(類派)마다 큰 차이가 있는 주제이다.

요즘의 선생들 중 상당수는 제자들에게 스윙 시간 내내 왼쪽 발꿈치를 지면에 고정시키라고 가르친다.

퍼시 부머나 유명한 스코틀랜드계 프로들같이 옛날 유파에 속하는 선생들은 백스윙 때 왼쪽 발꿈치가 들려 올라갔다가 다운스윙을 시작할 때 다시 지면에 닿는 것이 좋다고 가르쳤다.

내가 옛날 유파의 가르침을 따르는 것은 그 방법이 더욱 고전적인 스윙을 가능케 해줄 뿐만 아니라(실제로도 그렇다), 왼쪽 발꿈치가 자연스럽게 들려 올라오는 것을 허용하는 것이 스윙하는 데 가장 좋은 방법이기 때문이다.

이때 중요한 점은 의식적으로 왼쪽 발꿈치를 들어올리는 것이 아니라는 사실이다. 왼쪽 발꿈치는 지면에 단단히 고정시켜두어야 하지만, 백스윙을 하며 몸통을 회전시킬 때 자연스럽게 따라 올라오는 왼쪽 발꿈치를 억지로 억제하려 들지 않는다는 점이 더욱 중요하다.

나는 잭 니클라우스가 백스윙의 정점에서 그렇게 좋은 컨트롤을 유지할 수 있는 이유는, 왼쪽 발꿈치가 자연스럽게 들려 올라가는 것을 허용함으로써 몸통이 완전하게 회전할 수 있도록 하기 때문이라고 생각한다. 그렇게 함으로써 잭은 채를 잡은 그립을 느슨하게 풀지 않고서도 완전한 백스윙을 할 수 있는 것이다.

벤 호건은 왼쪽 발꿈치에 대해 전혀 신경을 쓰지 않았다.

왼쪽 발꿈치는 그가 하는 스윙에 따라 들리기도, 들리지 않기도 했다.

셸리 메이필드는 1950년대 중반 프로 경기들을 석권함으로써 왼쪽 발꿈치를 지면에 내내 고정시키는 스윙을 유행시켰다. 나중에 댈러스의 부르크 홀로 클럽의 수석 프로가 된 셸리는 자기가 의도적으로 스윙 내내 발꿈치를 지면에 붙이고 있었던 게 아니라고 내게 털어놓았다. 그것은 그저 본인이 자연스럽게 느끼는 자신만의 독특한 스타일이었다.

사람들은 때때로 톱 플레이어들의 스윙을 모방할 때 좀 특이해 보이는 점을 똑같이 흉내 내려고 한다. 그래서 잭 니클라우스의 '플라잉 엘보'나 리 트레비노의 '오픈 스탠스' 같은 것을 흉내 내려고 애를 쓰곤 한다.

셸리는 내게 자기 역시 백스윙 때 왼쪽 발꿈치가 자연스럽게 들려 올라가기를 바라지만 마음과는 달리 전혀 그렇게 되지가 않는다고 말한 적이 있다. 나는 스윙 내내 왼쪽 발꿈치를 지면에 고정시켜두는 것이 골퍼의 심신만 괴롭혀 전성기를 단축시킬 뿐 전혀 도움이 되지 않는다고 생각한다.

백스핀

어떤 골퍼가 토미 아머에게 어떻게 아이언 샷에 백스핀

을 넣는지 가르쳐달라고 계속 귀찮게 치근덕거렸다.

토미는 만일 공만 정확히 친다면 채의 로프트가 자연히 백스핀을 걸어준다고 명료하게 대답했다.

하지만 이 대답이 너무도 단순했는지, 그 사람은 집요하게 질문을 계속 해댔다. 보통 수준의 그 골퍼는 그린에 떨어져 춤추듯 뒤로 굴러오는 훌륭한 미들 아이언 샷에 대한 어떤 비결을 토미가 분명히 갖고 있을 것이라고 생각하는 것 같았다.

마침내 토미가 말했다.

"제가 한 가지 묻겠습니다. 선생께서는 140야드에서 샷을 하면 대개 핀을 지나칩니까, 아니면 미치지 못하십니까?"

"저는 거의 핀에 못 미친답니다."

그 보통 수준의 골퍼가 대답했다.

"그럼, 도대체 왜 백스핀이 필요하신 거죠?"

무거운 채

젊은 사람들로부터 황혼기에 드신 분들까지 골퍼라면 누구나 적어도 22파운드(약 10킬로그램) 정도는 나가는 무거운 연습 채를 하나 정도 가지고 있는 것이 좋다.

무거운 채가 어린이들에게는 좋지 않다는 말은 구태여 여기서 반복할 필요는 없을 것 같다.

평소의 그립과 스탠스로 무거운 채를 스윙하는 것은 골프에 사용되는 근육의 힘을 기르는 데 가장 좋은 연습법이다. 테니스공을 쥐었다 놓았다 하거나 그와 비슷한 훈련을 하는 것도 좋을지 모르지만, 그런 방법으로는 꼭 필요한 근육들이 아닌 다른 근육들이 발달할 위험이 있다.

골프를 치는 데에 무거운 하중(荷重)을 들어올리는 근육들은 필요 없다. 여러분이 필요로 하는 것은 채찍을 내리치는, 바꾸어 말하면 골프를 하는 데 쓰이는 근육이다.

무거운 연습 채는 라운드에 나가기 전날 저녁에 스윙을 하는 것으로 끝낸다. 티 오프 하러 나가는 아침에 연습을 해서는 안 된다. 아침에는 골프 코스에 나가 쓸 힘을 비축하는 것이 좋다.

무거운 연습 채로는 몸에 무리가 올 정도로 힘껏 스윙을 하지 않도록 한다. 만일 집 밖으로 나가기가 번거롭다면 실내에서 무거운 채를 갖고 느린 동작으로 스윙 연습을 한다.

느린 동작의 스윙은 골프 근육들을 발달시키고, 채의 위치에 대한 정확한 감각을 뇌리에 심어줄 뿐 아니라 샹들리에를 박살내는 일도 없다. 무거운 채로 스윙 연습을 할 때에는, 그 속도가 느리든 빠르든 항상 클럽헤드로 어떤 일정한 지점을 겨눈다. 그렇게 하면 골프 근육들을 발달시킬 수도 있고, 좋은 습관도 얻게 될 것이다.

그린 유지에 관한 몇 가지 힌트

유명한 스코틀랜드의 골프장 건축가로 미국의 오거스타 내셔널과 사이프러스 포인트 클럽을 디자인한 앨리스터 매켄지 박사는 오래전 〈그린 유지에 관한 몇 가지 힌트〉라는 짧은 글을 쓴 적이 있는데, 나는 그것을 우리 골프숍 벽에 붙여놓았다.

박사의 말씀은 세월이 아무리 흘러도 변함이 없을 훌륭한 충고이기에 여기에 인용한다.

토끼가 끼치는 해악은 그들이 제공하는 좋은 것들에 비하면 거의 무시해도 좋을 정도로 적다. 토끼들은 토양을 산성으로 유지해 잡초나 벌레가 없는 최상의 골프용 잔디를 만들어준다.

골프란 경쟁의 의미가 담긴 게임으로, 어떤 골퍼도 잃어버린 볼을 찾아헤매는 데 재미를 느끼지 않는다는 것을 기억하라.

페어웨이나 그린은 직선이 아니라 자연의 불규칙한 만곡을 최대한 살려 조성하라.

깎아낸 잔디 잎을 치우지 말라. 그것은 잔디를 잘 자라게 하여 훌륭한 그린이 되도록 해준다. 그렇게 해두면 잔디의 뿌리는 두껍고 강해지며, 잎은 가늘고 무성해진다(이 말만은 매켄지 시절과는 달라졌다. 이렇게 하면 잔디에 병이 잘 생긴다는 사실이 밝혀졌기 때문이다).

진정 훌륭한 충고를 따르는 데에 드는 비용은 그 충고를 받아들이지 않아 낭비하게 되는 돈의 액수에 비하면 무시해도 좋을 정도록 적다.

골프가 필요로 하는 특별한 조건에 대해 연구해보지 않은, 조경이나 농경 전문가의 충고는 결코 받아들이지 말라.

농경용 잔디는 알칼리성 토양이 좋지만, 골프 잔디는 산성 토양을 필요로 한다.

석회, 슬래그(광석을 용해할 때 생기는 찌꺼기 - 역자 주), 골회(骨灰) 비료나 다른 알칼리성 비료들은 무성한 농경용 잔디, 데이지, 질경이와 해충들만을 초래할 뿐이다.

나쁜 그린과 진흙투성이가 된 페어웨이의 가장 흔한 원인은 해충들이다. 이들은 반드시 제거해야만 한다.

잔디에 비료를 너무 많이 주는 것을 삼가라. 골프에 가장 적당한 잔디는 척박하고 산성인 사토(沙土)나 황무지 토양에서 자라는 것이다.

초보자들을 고려해야 한다는 것을 아는 아량을 가졌고, 또한 그 외의 모든 사람들의 플레이를 향상시킬 수 있는 골프장 건축에 대한 높은 식견을 가지지 않는 한, 아무리 훌륭한 플레이어라 해도 절대 골퍼의 충고를 따라선 안 된다.

골프 코스의 조성은 조각만큼이나 어려운 예술이다. 코스의 모든 생김생김이 가능한 한 자연 그대로의 모습을 유지하도록 모든 노력을 기울이자.

대개의 코스에는 벙커가 너무 많다. 벙커는 골퍼들을 괴롭힌다는 관점에서가 아니라 전략적인 관점으로 설계되어야 한다.

비난을 많이 받는 홀들은 곧잘 플레이의 수준을 향상시키며, 궁극적으로 가장 사랑받는 곳이 된다.

너무 어렵고 불공평해 보인다고 해서 처음부터 지면의 기복, 해저드나 다른 비슷한 난점들을 파괴해버리지 말자. 그것들을 파괴해버리면 게임의 흥미, 자극과 전략적인 스릴의 상당 부분이 사라질 수 있다.

새로운 변화가 난제를 극복하는 즐거움과 스릴을 증가시킬 것이라는 뚜렷한 확신이 없는 한, 홀을 변형시키지 말라.

가장 훌륭한 골프 코스는 사용 가능한 용지의 특성에 잘 맞도록 설계되어 조성된 홀들이다.

여러 조건이 다른 상황에서 다른 코스의 유명한 홀을 흉내 내려고 시도하는 것은 대개의 경우, 치명적인 실수가 되고 만다.

손목의 코킹

나는 백스윙의 초기 단계에서부터 코킹을 시작하여 완전히 손목을 코킹하는 스윙을 선호하지만, 이 '손목 코킹'이란 단어를 사용하는 것은 그리 좋아하지 않는다. 그것은 학생들 중 상당수가 손목을 코킹하는 데에만 정신이 팔려 스윙의 나머지 부분에 대해서는 까맣게 잊어버리기 때문이다.

학생들을 엉망으로 만들어버리는 방법 중의 하나는 손목을 코킹하라고 말해주는 것이다.

특히, 여성 골퍼들은 백스윙의 정점에서 손목을 코킹하려고 애를 쓰기 때문에 오히려 오버스윙을 하게 되고 결국 스냅을 잃게 된다.

백스윙을 해서 채가 허리 높이까지 왔을 때, 샤프트는 지면에 평행해야 되고 채의 토우(Toe, 골프채 헤드의 가장 앞부분 – 역자 주)는 수직으로 하늘을 가리켜야만 한다.

만일 그렇게만 된다면 여러분의 손목은 자연히 코킹이 되기 때문에 전혀 손목에 대해 신경을 쓸 필요가 없게 된다. 손목에 대해서는 아예 잊어버리고 몸통을 회전시킨다.

손목의 코킹이 어떤 것인지 정확히 알아보고 싶다면 왼쪽 주먹을 꽉 쥐어본다. 손목이 엄지손가락 쪽으로 움직일 것이다. 바로 이것이 자연스러운 손목의 코킹이다.

왼쪽 주먹을 쥔 상태로 골프 스윙을 해보면 즉시 손목이

백스윙 때 코킹되었을 때와, 다음 스윙 때 코킹이 풀렸을
때, 피니시 때 다시 코킹이 되었을 때의 채의 위치를 알 수
있을 것이다.

커다란 거울에 왼쪽 주먹을 한번 비춰보자. '손목의 코킹'
은 더 이상 어떤 혼동도 가져오지 않을 것이다.

풀(full) 어프로치 샷을 하도록

보통 수준의 골퍼는 핀을 넘기는 미들 아이언 샷을 하게
되는 경우가 거의 없다.

어떤 선생들은 보통 수준의 골퍼들에게 샷을 할 때 긴 채
를 하나 사용하라고 가르친다.

다른 말로 하자면, 어떤 이들은 140야드 떨어져 7번 아이
언을 잡는 게 좋겠다는 생각이 들 때, 대신 6번 아이언을 잡
고 좀 살살 치라고 말한다는 것이다.

하지만 나는 이 생각에 동의하지 않는다. 나는 차라리 여
러분에게 7번 아이언을 잡고 공을 홀에다 보낸다는 생각으
로 더 힘껏 치라고 말하고 싶다.

긴 채를 잡고 살살 치려고 하면 근육들은 무의식적으로
여러분에게 채를 잘못 골랐다는 메시지를 보내게 되고, 여
러분은 자신도 모르는 사이에 주춤거려 자신 없는 샷을 하

게 된다.

이렇게 말을 해도 굳이 더 긴 채를 사용하겠다면, 핸들에서 1인치를 내려 잡고 힘껏 스윙을 한다.

나는 템포나 밸런스가 깨질 정도로 무리하게 힘을 쓰지만 않는다면 자신 있게 힘껏 공을 치는 게 좋다고 생각한다.

지미 톰슨은 자신이 프로 투어에서 가장 장타를 날리는 선수로 유명했을 때, 내게 지도를 받으러 찾아오는 것을 아주 좋아했다. 지미는 내가 '그렇게 세게 치지 말라'는 말을 결코 하지 않는 선생이라는 것을 알고 있었다.

하지만 그렇다고 무리하게 너무 세게만 쳐서도 안 된다. 항상 여러분 자신의 능력에 맞는 플레이를 해야 한다.

샷이 짧아지는 가장 큰 이유는 다섯 개 중 네 개가 클럽페이스의 한가운데 정확히 맞지 않기 때문이다.

쉬운 벙커

벙커 플레이는 아직도 대다수의 보통 수준의 골퍼들에게는 대단히 두려운 것이겠지만, 나는 그것이 투어 프로들에게는 너무 쉬운 장애물이 되었다고 생각한다.

투어 프로들은 홀 컵 주위로 샌드 웨지를 치는 기술들에 어찌나 능숙한지, 심지어는 그린 주위의 벙커를 겨냥하기도 한다. 그럼에도 불구하고, 투어 프로들은 벙커에 담긴 모래의 질(質)에 대해 항상 불만을 늘어놓는다. 그들은 벙커에서 공을 쳐내는 것이 더욱 쉬워질, 그런 질의 모래를 원한다.

유달리 깊은 벙커나 나쁜 라이(lie)가 아닌 한 투어 프로들은 대개 그린 주위에 둘러 심은 긴 잔디에서 핀 주위로 피칭을 하는 것보다는 쉬운 벙커 샷을 하는 편을 더 좋아한다.

이것은 그린 주위에 벙커를 만들어놓은 원래 의도와는 영 다른 것이다. 벙커는 원래 피해야 할 장애물로 고안된 것이었다.

휴스턴 컨트리 클럽의 멤버였던 에드윈 맥클레인은 1928년에 처음으로 샌드 웨지를 발명해 특허를 받았다. 보비 존스는 1930년 브리티시 오픈에서 맥클레인 샌드 웨지를 사용했다. 호턴 스미스도 프로 경기에서 이 채를 들고 다녔다.

1931년, 맥클레인의 샌드 웨지는 클럽페이스가 숟가락처럼 오목하다는 이유로 불법으로 규정되었다. 이 채가 공을 두 번 – 한 번은 아랫부분으로, 또 한 번은 윗부분으로 – 치게 된다는 사실을 사진으로 입증했기 때문이었다.

진 사라젠은 1932년에 새로운 샌드 웨지를 발명했는데, 이것은 즉시 대단한 성공을 거두었다. 샌드 웨지가 나온 이후에도 벙커는 그리 유쾌한 곳이 되지는 않았는데, 그것은 벙커에 모래 이외에도 먼지나 잡동사니가 잔뜩 들어 있었기 때문이었다. 하지만 그 이후 대개의 샌드 벙커가 오늘날의 틀에 박힌 모양이 되어버리자 프로들은 벙커에 대한 두려움이 없어졌다.

요즘은 첨단 골프 용구와 고탄성 공과 파워풀한 스윙으로 무장된 투어 프로들이 우리가 가진 가장 훌륭한 올드 코스들을 시대에 뒤떨어진 구닥다리로 만들어버리고 있다는 생각들이 항간에 점차 증가하고 있다. 내게 올드 코스들을 더 이상 폄하하지 않고 프로들에게 그린 주위의 벙커들을 다시 한 번 조심할 것으로 만들 제안이 하나 있다.

그것은 바로 모래를 평평하게 갈퀴질하는 것을 그만두는 것이다. 모래에 아예 갈퀴질을 하지 말거나, 아니면 더 좋은 방법으로, 울퉁불퉁하게 골이 생기도록 갈퀴질을 하는 것이다.

나는 더 이상 내 오랜 텍사스 친구이자 전 PGA(프로 골퍼 연맹 – 역자 주) 챔피언 데이브 마아가 텔레비전에 나와 '프레디가 훌륭한 플레이를 했군요. 공을 그린 언저리의 러프 잔디로 굴러 내려갈 위험이 있는 미끄러운 그린에 떨어뜨리는 대신 벙커를 택했습니다'라고 말하는 것을 듣고 싶지 않다.

대신 나는 데이브가 다음과 같이 말하는 것을 듣고 싶다. '오, 맙소사! 프레디가 벙커에 공을 빠뜨렸군요. 저 골진 모래에서는 두 타 만에 나오는 것도 큰 행운이겠군요.'

물론, 이 구상은 실현될 가능성이 전혀 없다. 투어 프로나 클럽 멤버들이 찬성할 리가 없으니까 말이다. 하지만 이 방법은 그린에 정확히 안착하지 않은 샷들을 응징함으로써 시행 즉시 우리 올드 코스들을 더욱 어렵게 만들어줄 것이다.

내가 세계 최고의 골프 코스로 치는 '파인 밸리'에서는 그린 주위의 벙커는 평평하게 다듬어놓지만 페어웨이 벙커의 대부분은 갈퀴질을 하지 않는다.

파인 밸리는 벙커를 평평하게 다듬어놓아도 아마추어에게는 꽤나 힘든 코스이다.

하지만 그곳에서는 프로 토너먼트가 열리지 않는다. 샌드 플레이의 귀재들인 투어 프로들은 파인 밸리 같은 우상(偶像)도 허명(虛名)으로 만들어버릴지도 모르지만 말이다.

벙커 플레이

벙커 플레이에 자신을 갖기 위해서는 벙커 샷을 연습해야 한다. 제대로 쳐낼 수 없으리라는 자신 없는 생각을 가지고 벙커 샷을 대해서는 안 된다.

연습을 해서 기본적인 것들 몇 개만 숙지하게 되면 그린 주위의 벙커에서 공을 쳐내는 샷은 보통 수준의 골퍼에게도 전혀 어려운 것이 아니다.

우선, 샌드 웨지를 평상시의 아이언 샷과 똑같은 방법으로 그립을 한다. 이것은 채가 모래를 칠 때 퀴트(quit, 스윙을 중간에 멈추는 것 - 역자 주) 없이 높은 폴로스루까지 풀스윙을 하도록 해준다.

모래를 칠 때 채가 돌아 클럽페이스가 닫히지 않도록 왼손 네 번째, 다섯 번째 손가락으로 단단히 그립을 한다.

채의 샤프트가 바지 지퍼를 향하고, 손이 채보다 약간 앞으로 나가도록 공의 위치를 정한다. 스퀘어한 스탠스(양발의 앞부분이 목표선에 맞닿도록 놓는 자세를 말함 - 역자 주)를 취하고, 클럽페이스가 목표의 오른편을 향하도록 페이스를 오픈시킨다.

다음에 왼발을 뒤쪽으로 이동시켜 스탠스를 오픈시킨다. 이때는 어깨와 골반이 발과 함께 뒤로 돌아 몸이 목표의 왼편을 향하게 되는데, 이로 말미암아 처음 목표의 오른편을 겨누었던 클럽페이스는 곧바로 목표를 향하게 된다.

오른발보다 왼발에 체중이 많이 실리도록 체중을 이동시킨다.

이제 양 어깨와 몸으로 설정된 라인을 따라 평소와 똑같은 스윙을 한다. 공의 3, 4인치 뒤쪽을 치며 밑의 모래를 떠낸다. 공은 벙커를 빠져나와 모래 소나기와 함께 그린에 내려앉을 것이다.

이 샷을 몇 시간 동안 연습해보면 내가 '자신을 갖는다'고 한 것이 어떤 뜻이었는지 자연히 알게 될 것이다.

이제 더 이상 어떻게 벙커를 빠져나갈까에 대해 걱정을 할 필요가 없다. 여러분은 핀을 노리고 자신 있게 샷을 하게 될 것이다.

해야 하는 샷의 거리가 길수록 공에 가깝게 친다. 그리고 샷이 짧으면 짧을수록 모래를 더 많이 떠내야 한다.

긴장을 풀지 말라

연습장이나 코스에 나가게 되면 여러분은 긴장을 풀란 말을 항상 귀가 따갑도록 듣게 된다.

나는 어떤 골퍼가 친구를 도와주려는 마음으로 '긴장을 풀도록 힘껏 노력해봐'라고 말하는 것까지 들은 적이 있다.

만일 여러분께서 긴장을 풀려고 진정으로 힘껏 노력을 하게 된다면, 너무 긴장을 해 온몸이 뻣뻣해지거나 완전히 축 늘어져 잔디 위에 쓰러져 잠이 들게 될 것이다.

위에 말한 상태들 모두가 골프 샷을 하기에는 적당하지 않다. 물론, 근육이 긴장되거나 마음속에 두려움이 깃드는 것은 바람직하지 않은 것이다.

하지만 나는 그것을 다음과 같이 말하고 싶다. 마음을 편히 가지면 긴장도 풀어진다 — 하지만 준비 태세는 느슨해지지 않는다.

그 비밀은 잭 버크 주니어 말대로 '억제된 격렬함'이다.

긍정적인 사고

나는 교습을 할 때 가능한 한 결코 '절대 안 된다'나 '하지 말라'는 말을 쓰지 않는다.

반면 이 책에서는 '절대 안 된다'나 '하지 말라'는 단어들을 자주 사용하는데, 이것은 책을 읽는 독자들에게는 내가 전달하려는 뜻이 무엇인지 찬찬히 생각해볼 만한 시간이 충분히 있기 때문이다.

하지만 나는 연습장에서 채를 든, 그것도 남의 이목과 그들의 소리 없는 평가를 감내해야 하는 압박감에 처한 학생에게는 결코 '절대 안 된다'거나 '하지 말라'는 말을 하지 않는다.

나는 모든 것을 긍정적이고 건설적인 용어로 표현하기 위해 애를 쓴다. 나는 교습에 관한 일이라면 더욱 그렇게 하기 위해 노력하지만, 내가 독자 여러분에게 말씀드리고자 하는 바는 골프 샷을 할 때 부정적인 사고를 하는 것은 그야말로 독약이라는 사실이다.

'의심스러운 경우, 항상 자신에게 유리하게 생각해두는 편이 낫다.'

하지만 이 말에도 '의심'이라는 위험스러운 단어가 들어 있다.

나는 여러분이 자신이 치게 될 샷을 항상 훌륭한 샷이 될 것이라고 진심으로 믿기를 바란다. 나는 여러분이 완전한 자신감을 갖기를 원한다.

이 말은 100을 깨지 못하는 골퍼들에게는 터무니없이 황당무계한 소리로밖에는 들리지 않을지도 모른다. 하지만 그 차이는 자신감과 낙천주의 사이에 있는 것이다.

자신감은 과거 이런 특정한 샷을 성공시켰던 적이 여러 번 있고, 또 여러분 스스로가 자기 자신에게는 그럴 능력이 있다는 것을 알 때 생긴다. 85타를 치는 사람이라면 백에 들어 있는 어떠한 채로도 몇 차례 성공적인 샷을 한 적이 있을 것이다. 능력은 거기에 있다. 낙천주의는 평생 단 한 번도 그 샷을 성공적으로 쳐본 적이 없으면서 이번이 최초의 성공적인 것이 되기를 바라는 마음이다.

100타를 치는 사람들은 긍정적인 사고를 함으로써 엄청난 도움을 받을 수 있지만, 이 긍정적인 사고를 진정한 자신감으로 만들기 위해서는 그것을 지지할 기초적인 교습이 필요하다.

결단을 내리지 못하고 우왕좌왕하는 것은 치명타이다.

예를 들어, 백에서 5번 아이언을 꺼내 들고 마음속에 목표를 정하고 공 앞에 어드레스를 하면, 여러분은 진심으로 이것이 그 특정한 샷에 최적인 채라고 믿어야 한다. 그 채로 여러분이 할 수 있는 최상의 스윙을 하는 것이다.

혹시 5번 아이언이 한 채 길거나 짧은 것이었다 하더라도, 정확하게만 친다면 공은 목표에서 10야드 이상을 벗어나지 않을 것이다. 하지만 만일 그 샷에 4, 5, 6번 아이언 중 어떤 것을 쳐야 할지 결정하지 못한 상태에서 대충 그 중간에 있는 5번 아이언으로 타협을 하고, 스탠스를 잡을 때까지도 확신을 가지지 못한다면 차라리 공을 치지 않고 주저앉아버리는 편이 나을 것이다.

보통 수준 골퍼의 마음속에는 항상 수많은 상반된 목소리들이 시끄럽게 떠들어대고 있다. 그들은 우연히 베란다에서 듣게 된 스윙을 잘하는 방법에 대한 '귀띔'을 생각하기도 하고, 백스윙 때 채가 너무 안쪽으로 올라가는 게 아닌가 걱정도 하며, 스윙 때는 어떤 마음가짐을 갖는 것이 도움이 될까를 궁리하며, 심지어는 차를 빌려간 아들 녀석이 기름을 채워 넣는 걸 잊지나 않았는지 걱정이 되어 안절부절못하기도 한다.

골퍼는 이런 목소리들을 차단하는 것을 배워야 한다. 골프 스윙은 바로 지금 이 순간 일어나는 일이지 과거나 미래의 것이 아니다.

긍정적인 사고를 가지고 30년간 '오스틴 뮤니'에서 프로로 있는 내 큰형 톰의 말대로 '만사를 잊고 자신 있게 공을 때려야' 한다.

골프 심리학

하루는 어떤 스포츠 기자 하나가 톰 카이트를 취재하러 오스틴 컨트리 클럽을 찾아왔다. 나와 샌드러 파머는 주위에 서서 그가 인터뷰하는 것을 지켜보고 있었다. 스포츠 기자는 몸을 내 쪽으로 돌리더니 말했다.

"하비, 저는 당신이 골프에 관한 한 거의 정신과 의사나 마찬가지라는 이야기를 들었습니다."

"전 그런 말은 금시초문이로군요. 저는 아직도 골프를 배우고 있는 나이 든 캐디일 뿐입니다."

내가 기자에게 대답하자 옆에 서 있던 토미가 말했다.

"오늘 아침 제게 심리 치료를 하셨잖아요."

"내가? 언제?"

나는 물었다.

"아까 제 퍼팅 좀 봐달라고 했을 때 말이에요."

토미가 말했다.

"지난번 찾아왔을 때와 비교해 바꾼 것이 있느냐고 물으셨잖아요. 저는 퍼터를 더 짧게 초크 다운(choke down, '내려 잡는다'는 뜻인 'choke'라는 단어에는 '꽉 쥐어 질식시킨다'라는 뜻이 있음

- 역자 주)했다고 대답했지요."

"토미, 그 단어를 쓰지 말게나."

나는 토미가 한 말을 지적했다.

"골프에 대해 말할 땐 절대 그 '초크'라는 단어를 쓰지 않는 게 좋아. 퍼터를 초크 다운한다는 생각은 말고, 그립을 좀 내려잡는다고 생각하게."

"그게 오늘 아침 제게 해주신 말씀이에요. 그게 바로 심리 치료 아닌가요?"

토미는 빙긋이 웃으며 말하는 것이었다.

나는 지미 디마렛이 자신의 '초크 스트로크(choke stroke)'를 거론할 때면 언제나 마음이 편하지 않았다.

지미의 말뜻은 자신의 스윙 목록에는 자신이 심한 스트레스에 놓였을 때 언제든 사용할 수 있는 간단하고 믿을 만한 스윙이 있다는 것이었다. 이 스윙은 멋지지도, 평소만큼 공을 멀리 보내지도 않았지만 그린이나 페어웨이 어디에도 공을 보낼 수 있는, 언제건 반복이 가능한 것이었다.

그는 이 스윙을 '노 초크 스트로크(no choke stroke)'라고 불렀으면 더 좋았을 것이다. 하지만 그랬다 하더라도 그 말에 '초크'라는 단어와, 동시에 '노(no)'라는 단어가 들어 있어 나는 그리 좋아하지 않았을 것이다.

두뇌에서 골프를 관장하는 부분은 '암시'에 너무나도 약한 취약지구이다. 골퍼들은 너무나도 쉽게 남의 말에 넘어간다.

나는 내가 아는 골퍼들에게 가급적이면 퍼팅을 잘하는 사람들과 식사를 할 것을 권한다.

우리는 누구나 위축시키는 말을 함으로써 상대방의 기를 꺾어놓으려는 사람들과 플레이를 한 경험이 있을 것이다. 그 사람들은 순진한 표정으로 티에 서서 '와, 저기 왼쪽 OB 말뚝이 얼마나 살벌한지 봐. 내 공은 저리로 가지 않았으면 좋겠군'이라고 말하곤 한다. 혹은 이런 말을 하기도 한다. '하비, 이번엔 백스윙을 아주 재미있게 고쳤군.'

내가 들어본 것 중 가장 기지에 넘치는 것은 다음과 같은 질문일 것이다.

"백스윙 때 숨을 들이쉽니까, 내쉽니까?"

우리는 이런 말들을 '바늘(needle)'이라 부른다. '바늘'은 노련한 플레이어들에게는 큰 심적 부담을 끼치지 않는다. 반면, 그것은 그 '바늘'로 남들을 훼방놓으려는 사람 쪽이 오히려 심리적으로 불안해하고 있다는 사실을 폭로할 뿐이다.

골프를 하면 여러분은 일종의 명상법을 배우게 된다. 코스에 나가 있는 네 시간 동안 여러분은 게임에만 온 정신을 집중하고, 마음속에서 걱정스러운 생각들을 정리해버리는 것을 배우게 되기 때문이다.

어쩌면 골프는 정신과 의사들보다도 훨씬 많은 사람들을 구제해주었는지도 모른다.

공 뒤에 있을 것

골프 스윙을 하는 도중 머리를 움직이지 않은 챔피언의 예를 한번 들어보자. 그것은 아마 불가능할 것이다. 샘 스니드는 다른 어떤 사람보다도 적게 움직이지만, 그 역시 움직인다는 것에는 차이가 없다.

하지만 위대한 선수들은 모두 임팩트 직전과 임팩트 때에 머리를 뒤로 약간 움직일 뿐 절대 앞으로는 움직이지 않는다.

홈런을 치는 사람들도 마찬가지이다. 행크 아론이 전광판을 넘어가는 커다란 홈런을 치면 사람들은 '정말 몸이 뒤로 쭉 빠졌구나'라고 말할 것이다.

만일 머리를 앞으로 내민다면 파리채로 파리를 죽일 수조차도 없게 된다. 파리채를 힘껏 내리치기 위해서는 머리를 고정시키든지 뒤로 움직여야 한다. 바이런 넬슨은 공을 치는 순간 거의 1피트나 머리를 쭉 뒤로 뺀다.

하지만 공 뒤에 있기 위해서는 우선 여러분이 공 뒤로 가야 한다. 머리가 공 뒤편에 있도록 준비 자세를 취하고, 그대로 머리를 공 뒤편에 유지하라는 뜻이다.

다운스윙이나 임팩트 때 머리를 앞으로 움직이면 힘없는 흉한 샷, 아마도 풀드 슬라이스(처음에는 왼쪽으로 날아갔다가 오른쪽으로 휘는 공 – 역자 주)가 나오게 될 것이다.

어떤 학생이 자신이 리 트레비노와 함께 플레이를 했던 라운드 이야기를 한 일이 있었다.

그 학생은 두 번째 티, 파 세 개짜리 홀에서 핀에 30피트 못 미치긴 했어도 자기 생각에는 그런대로 괜찮아 보이는 샷을 했다. 그러자 트레비노가 다른 공을 한 개 그라운드에 던져주며 충고를 했다.

"그걸 티에 올려놓고 다시 치게. 이번에는 머리를 앞쪽으로 움직이지 말게나."

"리, 전 내내 머리를 앞으로 움직이지 않으려고 애를 써 왔습니다. 그런데 잘 되지가 않아요. 도대체 어떻게 하면 됩니까?"

학생이 묻자, 트레비노가 대답했다.

"내 입술을 봐. 머-리-를-앞-으-로-움-직-이-지-마. 난 오늘 자네가 공을 칠 때마다 '리가 나를 쳐다보며 자신의 입술을 보라고 말하고 있어'라고 생각하기를 바라네."

그 학생은 깊은 감명을 받았다고 한다. 그래서 그는 다음에는 머리를 앞으로 움직이지 않고 훌륭한 스윙을 해냈다. 경쾌하고 믿음직한 소리와 함께 공은 약간의 드로우가 걸리며 핀을 10피트나 지난 지점에 떨어져 백스핀의 힘으로 춤추듯 뒤로 굴러왔다.

"내가 괴물을 하나 만들었군."

리는 말했다.

그래서 그 학생은 첫 9홀을 1언더 파로 돌 수 있었다.

"나는 이제 가봐야겠네, 프랑켄슈타인. 내가 해준 말을 잊지 말게."

나는 그 학생에게 그다음에는 어떻게 되었는지 물었다.

"14번 홀까지 가니 다시 머리가 앞으로 움직이기 시작했습니다."

그가 고백했다.

"백 나인에서는 평소대로 41을 쳤습니다."

어쩌면 그 암시가 오래가지 못했던 것은 '하지 말아라 (don't)'라는 말 때문이었을지도 모른다.

그것을 긍정적으로 말하는 방법은 '머리가 항상 공 뒤에 있도록 하라'일 것이다.

팔로 내려치는 다운스윙

모든 플레이어들에게 아마도 가장 큰 오류가 될지도 모르는 이것은 세계 각 지방에 따라 십여 가지가 넘는 이름으로 불리고 있다. 영국에서 이것은 '내던지기(Casting)'라고 불리는데, 이 말은 상당히 정확한 표현이다. 왜냐하면 이때의 오른손과 팔의 움직임은 막대기를 내던질 때와 아주 비슷하기 때문이다.

홀륭한 골퍼이자 전국 리그에서 몇 번이나 우승을 차지했던 텍사스 대학 미식축구 팀의 수석 코치인 다렐 로열은 내가 지금 말하고 있는 오류에 아주 요란한 이름을 붙였다.

다렐은 그것을 '오트피그'라고 불렀다. 이것을 풀어쓰면 '위에서 내려치느니 차라리 그만두어라(Over the Top, Forget It)' 란 뜻이다.

이 단원에서 나는 그 오류를 '팔로 내려치는 다운스윙'이라고 부를 것이다. 팔로 내려치는 다운스윙은 백스윙의 정점에 도달한 다음, 손을 먼저 공을 향해 던짐으로써 다운스윙을 시작할 때 발생하게 된다.

많은 골퍼들은 일생 내내 팔로 내려치는 다운스윙을 하며 플레이를 한다. 어떤 이들은 이 결함에도 불구하고 상당한 수준의 플레이를 했다. 항상 번쩍이는 커다란 다이아몬드 반지를 끼고 다니던 텍사스 주의 아마추어 선수 버드 매키니는 팔로 내려치는 다운스윙을 하면서도 놀랄 만한 대기록을 수립했다. 프로 투어에서도 팔로 내려치는 다운스윙과 거의 차이가 없는, 다운스윙 때 공의 아웃사이드로 나가는 스윙을 하는 선수들이 있다.

하지만 가끔 어떤 골퍼들이 타고난 천부적인 운동 감각으로 이런 동작을 하고도 별 탈 없이 넘어간다고 해서, 이것이 보통 수준의 골퍼들에게도 역시 재난을 가져오지 않는 것은 결코 아니다. 이 특별한 병에 대해서는 아직까지는 아무도 즉각적인 효과가 있는 치료법을 발견하지 못했다. 견실한 기초에 입각해 열심히 연습을 하는 것은 물론 큰 도움이 되기는 하지만, 이것은 한 번 정도 찾아오는 학생이 선생에게서 듣고 싶어 하는 대답이 아니다.

여기에 팔로 내려치는 다운스윙을 유발하는 몇 가지 원인이 있다.

- 🏌 너무 약한 그립, 특히 왼손의 그립이 약할 때 문제가 된다.

- 🏌 전박부(팔꿈치 이하 부분의 팔 - 역자 주)를 잘못 사용하는 것. 즉 백스윙의 시작과 임팩트에서 전박부 대신 손목을 사용할 때

- 🏌 임팩트 때 왼쪽 다리에 너무 뻣뻣하게 힘이 들어가는 것. 팔로 내려치는 다운스윙을 할 확률이 가장 적은 노련한 플레이어들을 살펴보면, 그들은 왼쪽 무릎을 약간 구부린 상태에서 흔히 사용되는 이론인 '왼쪽에 벽을 쌓아라'란 말을 학생들에게 하는 것을 볼 수 있다. 그들은 그렇게 얘기함으로써, 학생들이 공의 아웃사이드에서 다운스윙을 시작해서 왼쪽 다리를 폄으로써 올바른 스윙 궤도를 횡단해 다시 아웃사이드로 채를 던져내게 만드는 경향이 있다(이것을 잘 살펴보기 위해서는 공을 친 다음까지 무릎을 약간 구부린 상태를 유지하며 느린 동작으로 스윙을 해보면 된다. 채는 공의 인사이드를 벗어나지 않을 것이다. 다시 한 번 느린 동작으로 스윙을 하며, 이번에는 다운스윙 중간쯤에서 다리를 펴본다. 상체와 채가 공을 가로질러 채가

아웃사이드로 내던져지게 된다).

🏌 어드레스 때 너무 오픈된 클럽페이스

하지만 선생들이 항상 직면하게 되는 문제는, 너무 따분하고 어려운 기술적인 면이나 한 번의 교습에서 받아들여질 수 있는 것 이상의 조언을 피하며 어떻게 학생에게 팔로 내려치는 다운스윙을 하지 못하도록 설득할 수 있느냐는 것이다.

나에게는 이 쉽지 않은 문제를 성공적으로 해결해준 다섯 가지 방법이 있다.

가장 간단한 첫 번째 방법은 한동안 학생에게 채의 토우로 공을 치도록 만드는 것이다. 이것은 단번에 이 병을 고치는 아스피린 같은 처방이 되기도 한다.

또 하나 간편한 방법은 바닥에 두 개의 공을 바깥과 안쪽에 2인치 간격으로 놓아둔 상태에서 학생에게 다른 공은 건드리지 말고 안쪽 공만을 치게 만드는 것이다.

세 번째, 아직도 간단하다고 말할 수 있는 이 방법은 학생 앞에서 지면에서 1피트 정도에 막대기를 하나 들이대고 그 밑으로 지나가게 스윙을 하도록 만드는 것이다.

네 번째 치료법은 가장 강력한 동시에 기본적인 것으로 학생에게 훅을 치도록 가르치는 것이다. 좀 과장된 듯하게 양손을 채의 오른쪽으로 돌려 그립을 강하게 잡게 한 다음,

학생에게 연습장 밖으로 나가도 좋으니 커다란 훅을 내라고 한다. 나는 그것이 풀훅이든 크고 과격한 훅이든, 훅이면 그저 만족한다.

나는 학생에게 백스윙을 하며 왼쪽 전박을 오른쪽으로 회전시키라고 말한다. 어떤 때는 왼팔 전체를 회전시킨다는 생각을 갖도록 하기도 한다. 이것은 백스윙할 때 클럽페이스가 활짝 열리도록 만든 다음, 왼팔과 왼손(이때 오른손은 자동적으로 왼손을 따라오게 된다)을 왼쪽으로 돌리며 다운스윙을 시작해 임팩트 때 클럽페이스를 꽉 닫게 하는 것이다.

이렇게 하면 정말 상상하기도 힘들 정도로 구부러진 훅샷이 나오게 될 것이다.

하지만 이런 심한 훅을 내려면 그는 인사이드에서 공을 쳐야만 한다.

일단 학생이 의도적으로 훅을 내는 것을 배우게 되면, 그는 대개의 경우 팔로 내려치는 스윙을 그치게 된다.

이제 문제는 훅을 고치는 것이다. 하지만 이것은 팔로 내려치는 스윙에 비해서는 상대적으로 쉬운 것이다.

다섯 번째는 느린 동작의 연습법인데, 이것은 너무나도 중요한 훈련이라 다음 단원에서 따로 떼어 자세히 설명하기로 하겠다.

나는 한 번도 골프를 해본 적이 없는 아가씨를 조교 삼아 어떤 PGA 교육 세미나에서 이 방법들을 시범해 보이고 있었다.

　네 번째 방법에 도달했을 때, 나는 좌중의 프로들에게 이 방법이 어떻게 슬라이스를 고칠 수 있는지에 대해 설명을 시작했다. 그러나 그 아가씨가 내 말을 가로막았다.

　"페닉 씨!"

　그녀는 놀란 목소리로 소리를 질렀다.

　"전 후커(hooker, 훅을 치는 사람. 속어로 '몸을 파는 여인'이라는 뜻이 있음 - 역자 주) 따위는 되고 싶지가 않아요."

최면술

　캘리포니아 주의 PGA 학교에서 나는 슬라이스 때문에 고생을 하는 어떤 훌륭한 선수에게 도움을 주고 있었다. 주위에는 삼사십 명의 프로들이 그 광경을 지켜보고 있었다.

　나는 그의 그립에 약간의 변화를 준 뒤 관중들에게 이렇게 말했다.

　"이분은 얼마나 훌륭한 스윙을 하는지 눈을 감고도 공을 맞출 수 있을 정도입니다."

　나는 그에게 공 없이 그저 티만 맞히는 연습 스윙을 몇 번 해보라고 말했다.

　다음에 나는 공 하나를 티에 올려놓았다.

"이제 눈을 감고 그 훌륭한 스윙을 한 번 더 해보세요."
내가 말했다.

그는 끝에 가서 약간 훅이 걸리는 샷을 날렸다. 그 샷은 여태까지 내가 보아온 것 중 가장 멋진 것이었다.

"하비, 난 당신이 어떻게 그렇게 했는지 알아요."
구경을 하던 프로 하나가 입을 열었다.

"저 사람한테 최면술을 건 거예요."

느린 동작 훈련법

집에서도 충분히 할 수 있는 느린 동작으로 하는 훈련법은 수많은 반복과 굉장한 인내심을 필요로 하지만, 거기에 투자한 시간은 골프 코스에 나가 진가를 발휘하게 될 때 충분히 보상받을 수 있는 것이다.

미키 라이트는 자주 이 훈련법을 이용했다. 여러분의 골프 스윙이 앓고 있는 수많은 질병들을 고치는 다목적 훈련인 이 연습법은 거의 만병통치약이라고 할 수 있다. 실내에서도 할 수가 있으니, 날씨가 나쁘거나 어두운 밤에라도 할 수 있는 훈련법이다.

내가 느린 동작이라고 말하는 것은 정말 천천히 해야 한다는 뜻이다. 너무 느리게 하는 것은 아닌가 하는 생각이 들더라도 속도를 더욱 늦추어야 한다.

아주 천천히 채를 백스윙의 정점까지 스윙한다. 이때 눈은 항상 골프공으로 생각하기로 마음먹은 풀잎이나 카펫 위의 한 점을 응시한다. 백스윙을 하며 클럽헤드를 따라 눈을 돌리는 것은 이 훈련을 할 때 뜻하지 않게 얻을 수도 있는 끔찍한 습관으로, 코스까지 따라나가 여러분을 괴롭히게 된다.

백스윙의 정점에 도달하는 순간, 지면에 왼쪽 발꿈치를 견고하게 내려놓으며 동시에 오른쪽 팔꿈치를 몸통에 가깝게 밀착시킨다. 이 모든 과정이 아주 천천히 이루어져야 한다.

엄청나게 느린 동작으로 공을 향해 약 3분의 1 되는 지점까지 채를 내린다. 그런 다음, 잠시 동작을 멈추고 고정된 자세에서 그 감을 느껴본다.

이제 다시 고정 자세에서 시작해 여태까지의 동작을 반복한다. 천천히 정점까지 백스윙을 하고, 왼 발꿈치를 내려놓고, 오른쪽 팔꿈치를 몸 가까이로 끌어당기고, 공을 향해 3분의 1 지점까지 채를 내려 동작을 멈춘다.

이 동작을 연달아 네 번 반복한다. 인내심을 잃고 동작을 빠르게 하면 안 된다. 아주 천천히 하는 것이 이 훈련에서 가장 중요한 열쇠이다.

이렇게 네 번을 반복한 다음, 계속 아주 느린 동작을 유지하며 풀 스윙을 하고, 팔꿈치가 앞쪽을 가리키는 높은 피니시를 하며 마치 굿 샷을 보기라도 하는 것처럼 천천히 머리를 든다. 그런 다음, 역시 이 상태에서 동작을 멈추고 그 감을 느껴본다.

이제 동작 전체를 거듭 반복한다. 이렇게 하면, 여러분 두뇌의 골프를 관장하는 부분과 근육들은 왼발에 체중을 실으며 하체를 왼쪽으로 이동시킴으로써 백스윙을 시작해야 한다는 것을 알게 되고, 손이 먼저 스윙을 리드해 에너지를 소모하는 대신, 코킹을 유지한 손이 조용히 몸을 따라 움직임으로써 공의 인사이드에서부터 공에 접근하는 습관을 얻게 된다.

여러분의 골프 두뇌와 근육들은 느린 동작의 스윙을 반복함으로써 연습장에 나가 공을 후려치는 것 이상의 효과를 얻게 된다. 실제로 이 느린 동작의 스윙에서는 큰 실수가 생길 수가 없기 때문에, 이것이 더 좋은 학습이 될 수도 있을 것이다.

공에 파우더를 뿌려보자

대개 보통 수준의 골퍼들은 퍼터든 아이언이든 드라이버든 자기들 클럽페이스의 어느 부분이 공을 맞히는지를 정확히 알지 못하고 있다.

이것을 알아내는 방법은 아주 간단하다.

연습장이나 연습 그린에 나갈 때 탈크 파우더를 한 통 가지고 나가면 된다. 공에 파우더를 뿌리는 것이다. 그리고 그 공을 쳐본다. 이제 클럽페이스를 살펴보면 여러분은 즉시 궁금증을 해결할 수 있을 것이다.

공의 위치

공의 위치는 그립에 이어 골프에서 두 번째로 중요한 것이다.

그립과 공의 위치를 실수한다는 것은 여러분이 그 특정 샷에 거는 커다란 기대를 스윙도 하기 전에 물거품으로 만들어버릴 만큼 중대한 실수이다.

많은 선생들은 모든 샷에서 공을 왼쪽 발꿈치 연장선 위에 놓아야 한다고 가르친다.

그러나 나는 여기에 동의하지 않는다. 요즈음 훌륭한 플레이어들은 라이만 좋다면 그렇게도 할 수가 있을 것이다. 하지만 만일 9번 아이언을 칠 때 공을 왼쪽 발꿈치 앞에 놓는다면 다운 블로우로 공을 채에 맞히기 위해서 몹시 빠른 골반 이동이 필요할 것이다.

드라이버와 티에 올린 3번 우드만이 왼쪽 발꿈치 앞에 공을 놓아야 하는 채들이다. 왜냐하면 이 채들로 칠 때에는 약간 업스윙이거나, 아니면 스윙의 최저점에서 공을 맞혀야 하기 때문이다.

다른 채들로는 번호가 커질수록 조금씩 뒤로 옮겨 9번 아이언대에는 몸의 정중앙에 와야 한다.

만일 어떤 아이언에 공을 어디에 놓아야 할지가 궁금하다면 몇 번 연습 스윙을 해 클럽페이스가 지면의 어떤 부분을 스치고 지나가는지를 관찰한다.

또 다른 방법 하나는 페이스를 직각으로 만들어 아이언 채를 지면에 밀착시키는 것이다. 그렇게 하면 채를 만든 사람들이 어디에다가 공을 놓도록 디자인했는지 알 수 있다.

양동이를 스윙하는 것처럼

골프 스윙을 시작하기 위해서는 그 동작에 시동을 거는 어떤 종류의 포워드 프레스(forward press, 물체에 작용하는 크기가 같고 방향이 반대인 평행한 두 힘으로 물체의 회전운동만을 일으키는 회전 우력(遇力)인 모멘트(moment)의 전방 이동 – 역자 주)가 필요하다.

이 포워드 프레스가 어떤 느낌을 가져야 할지에 대해 감을 잡는 방법 중 내가 가장 좋아하는 것은, 스탠스를 잡은 상태에서 물이 가득한 양동이를 양손에 잡고 있다고 상상하는 것이다.

만일 이 양동이를 가지고 골프 백스윙처럼 뒤로 스윙을 하려면 자연히 여러분은 완전히 정지한 상태에서는 스윙을 하지 않을 것이다. 여러분의 손, 어깨, 다리와 골반은 백스윙에 모멘트를 제공하는 반동을 얻기 위하여 약간 전방으로 쏠리게 될 것이다. 이것은 물 양동이를 뒤로 스윙하기 위해 필요한, 오른발로 체중을 이동하는 것과 몸통이 회전하는 것을 시작하게 한다.

양동이가 점차 위로 올라가며 손은 몸통의 회전을 따라 백스윙에 들어간다. 왼쪽 발꿈치는 몸통이 회전하며 자연스레 들려 올라간다.

만일 양동이를 꽉 붙들고 있다면 몸통의 회전은 빨라질 것이다. 반대로, 만일 그립이 가볍다면 몸통의 회전은 느리고 부드러워질 것이다.

들려 올라간 양동이를 다시 내릴 때 손으로 먼저 던져 내리는 사람은 없을 것이다. 먼저 왼발로 체중을 옮겨 싣고, 왼쪽 골반을 돌리며 양동이를 아래로 스윙해 몸 앞을 지나는 동안 몸은 자연스럽게 양동이 뒤에 있게 될 것이다.

양동이가 포워드 스윙으로 들어가며 물이 쏟아져나가는 것이 힘의 이완이라고 생각하면 된다.

내가 존경하는 선생 중의 하나인 처크 쿡은 이 양동이를 스윙하는 이미지에 다음과 같은 것들을 첨가하라고 했다. 근육들에게 피니시 때 물을 왼쪽으로 쏟아내라고 명령하면 훅이나 드로우를 치게 되고, 오른쪽으로 쏟아내면 페이드를 치게 된다는 것이다.

이 '양동이 스윙'의 이미지는 상당한 효과를 가지고 있다. 이것은 특히 포워드 프레스를 시작하는 데 사용하기 쉬운 방법이다.

하지만 절대 과용은 금물이라는 사실을 기억해야 한다. 약을 복용할 때는 정량을 먹어야지, 몸에 좋다고 무턱대고 많이 복용하면 탈이 난다.

풀 깎는 기계

내가 봐온 수천 가지의 스윙 연습용 기구들 중에 가장 좋은 것은, 여러분이 이미 연장통이나 차고에 가지고 있지 않다면 철물점에 가서 쉽게 구입할 수 있는 것들이다.

그것은 흔히 쓰이는 풀 깎는 기계이다(미국에서는 대개 집에 정원이 있어 낫처럼 생긴 풀 깎는 기계가 흔히 쓰이고 있다 - 역자 주).

여러 해 전, 스팔딩(spalding) 골프채를 만든 천재, 빅터 이스트가 플로리다의 클럽에서 교습을 하던 와일드 빌 멜혼과 나에게 각각 여섯 개씩의 풀 깎는 기계를 보내준 적이 있었다.

몇 주 뒤, 멜혼은 다음과 같은 메모와 함께 그 풀 깎는 기계들을 빅터에게 반송했다.

'이놈들이 내 사업을 망쳐놓고 있어요. 이걸 쓰는 학생들은 더 이상 저를 필요로 하지 않는답니다.'

여러분이 풀 깎는 기계로 잡초들을 잘라내는 동작은 골프채로 임팩트 존을 스윙해 지나갈 때의 이상적인 동작과 똑같다.

게다가 풀 깎는 기계는 무겁기까지 해서 골프 근육들을 기르는 데 안성맞춤이기도 하다.

앞으로 풀 깎는 기계로 정원을 다듬을 때에는, 작업을 얼마만큼 끝마쳤는가에 의미를 둘 게 아니라 몇 시간 동안 일했는가에 의미를 두고 일을 한다. 즉, 천천히 충분한 시간을 투자하라는 말이다.

발의 위치

많은 프로 선수들을 포함해서 대개의 골퍼들은 발의 위치 때문에 스윙의 길이에 얼마나 큰 차이가 생기는지를 깨닫지 못하고 있다.

내 말을 따라 한번 해보면 직접 확인할 수 있을 것이다.

거울을 보면서 정상적인 스탠스를 잡고 채의 샤프트가 목표선에 평행이 되도록 백스윙의 정점까지 몸통을 회전시켜본다. 이제 다시 어드레스 자세를 취한다. 이번에는 파이 한 쪽 정도의 크기로 왼발을 밖으로 더 벌린다. 다시 전과 같이 백스윙을 해본다. 다시 거울을 본다. 무엇이 달라졌는가? 아마 백스윙이 몇 인치는 더 짧아졌을 것이다.

왼발을 다시 정상적인 위치로 가져오고, 이번에는 오른발을 목표선에 스퀘어하게, 또는 약간 안쪽으로 목표 쪽을 가리키게 놓는다. 백스윙을 해본다. 이번에도 역시 백스윙이 몇 인치나 짧아졌을 것이다.

많은 골퍼들이 왼발을 활짝 밖으로 돌려놓고 오른발을 스퀘어하게 놓거나 혹은 약간 안쪽으로 회전시킨 상태로 어드레스를 하는데, 이 둘은 백스윙을 극적으로 축소시킬 수밖에 없는 조합이다.

보통 수준의 골퍼들은 프로들이 하는 것을 보고 이런 스탠스를 모방하게 된다. 그런데 그렇게 하면 '내 몸통 회전은 다 어디로 갔을까?' 하고 의아하게 생각하게 될 것이다.

이 발의 위치는, 조준에는 실제로 그리 큰 영향이 없다. 하지만 그것은 스윙의 길이에는 매우 중대한 영향을 미치게 된다.

회전

공에서 뒤쪽으로 몸을 돌렸다가 다시 공을 지나 안쪽으로 몸통을 돌리는 동작은 수많은 이론들과 개인적인 특징 때문에 엄청나게 복잡한 것처럼 보이게 되었지만, 실제로는 아주 단순한 동작이다.

호턴 스미스의 말대로 몸통의 회전이라는 것은 아이들이 즐겨 부르던 동요와 똑같은 것이다.

'발목뼈는 무릎뼈에 연결되고, 무릎뼈는 골반뼈에, 골반뼈는 등뼈에, 등뼈는 어깨뼈에 연결되었는데… 이제 하나님 말씀을 들어라.'

복잡한 생각들은 모두 잊어버리고, 내가 시키는 대로만 하면 된다.

우선, 공을 쳐다보며 무릎을 약간 구부린 상태로 똑바로 선다. 양동이로 스윙하는 것을 상상하며 포워드 프레스를 시작한다. 오른발로 체중을 옮기며 오른쪽을 향해 몸통을 회전시키고 왼쪽 발꿈치가 자연스럽게 1인치쯤 들려 올라오도록 한다. 이것은 오른쪽에 서 있는 사람에게 인사를 하기 위해 몸통을 돌리는 것과 마찬가지이다. 팔은 샤프트가 몸 뒤로 돌아가 목표를 가리킬 때까지 스윙을 계속한다.

이제 왼발로 체중을 옮겨 싣는 동시에 오른쪽 발꿈치를 몸통 쪽으로 끌어당기며 왼쪽에 선 사람에게 인사를 하는 것처럼 계속 몸통을 회전시킨다.

여러분은 몸통 회전에 관한 많고도 복잡한 설명들을 접하게 될 것이다. 긴장된 골반에 대해 상체와 어깨를 감으라느니 뭐니 하지만 나는 절대 그런 말을 하지 않는다.

나는 골반의 회전에 너무 신경을 쓰는 바람에 골프채를 스윙하는 것이 주된 목적이라는 것을 까맣게 잊어버리는 사람들을 여럿 봐왔다.

몸통의 회전은 극히 자연스러운 동작이다. 여러분은 몸의 뼈들이 지면부터 순차적으로 모두 연결되어 있다는 사실만 기억하면 된다.

낯 뜨거웠던 순간

호텔방에서 나는 몇 시간 뒤 PGA 강연장에서 내 친구들을 앞에 두고 하게 될 강의의 초록을 초조한 마음으로 훑어보고 있었다.

그런데 갑자기 나는 나 자신에 대해 우쭐한 생각이 들기 시작했다. 나 자신, 이 아무것도 아닌 늙은 캐디가 세계 최상급 골프 선생들이 운집한 강연장에서 어떻게 골프를 가르쳐야 할 것인가에 대해 강의를 하게 되다니!

"생각 좀 해봐, 헬런."

나는 말했다.

"수많은 훌륭한 선생들 중에 내가 강의를 하도록 뽑혔단 말이야. 훌륭하다고 이름난 선생들 중 몇 명이나 올까?"

"몇 명이나 올지는 모르겠어요, 하비."

그녀가 말했다.

"하지만 당신이 생각하는 것보다는 한 명이 적을 게 분명해요(하비 자신은 제외해야 한다는 뜻 – 역자 주)."

금언록(金言錄)

1943년, 잭 버크 시니어는 플레이어들과 골프 선생들 사이에서 생겨났던 골프 금언들을 수집해 적어놓은 적이 있었다. 나 자신도 그 골프 선생 중의 하나이기 때문에 거기에는 내가 했던 얘기들도 수록되어 있었다.

- 🏌 골프에서 손목이 하는 역할은 극히 미미하다. 골프 샷에 펀치력을 준 것은 전박부의 교차(交叉)동작이다.
- 🏌 목표선을 벗어난 클럽페이스는 다른 어떠한 것들보다도 많은 배드(bad) 샷을 유발한다.
- 🏌 채가 제대로만 백스윙이 된다면 배드 샷이 나올 가능성은 거의 없다(나는 이것만은 동의할 수가 없다. 잭은 인사이드-아웃 스

윙을 하도록 가르쳤는데 나는 인사이드-스퀘어-인사이드인 스윙을 더 좋아한다. 책이 '제대로 백스윙이 된다'고 하는 것은 사람에 따라 각기 다른 것을 의미할 수 있다. 그리고 백스윙의 정점에서 다운스윙을 할 때에도 제대로 된다면 그렇지 않은 사람들보다는 훨씬 유리하다는 말에는 동감한다. 제대로 된 백스윙이란 단지 몸통의 회전으로만 스윙을 시작하는 것이다).

- 마음속에서 공을 반으로 나누어 안쪽 반만 가지고 플레이를 하라. 바깥쪽 반은 아예 잊어버려라(이것은 너무 복잡한 생각이다. 공은 그저 하나로 생각하고 정확히만 쳐내면 된다).

- 공을 깨끗하게 떠내는 것을 배워라. 공을 칠 때 땅을 파지 말 것.

- 목표선을 따라 똑바로 날아가도록 샷을 계획하라.

- 양손이 하나가 되도록 단단히 결합을 시킨다면 그것으로 얼마나 긴장이 풀리는지 놀라게 될 것이다.

- 공 밑에 있는 티를 쳐라. 이것은 채가 똑바로 나아가는 것을 도와준다(나는 교습 때 항상 이렇게 하도록 가르친다 - 스윙으로 티의 윗부분을 맞히라고 말이다).

- 공을 목표라고 생각하지 말고, 공을 그저 스윙 궤도 위에 있는 물건으로 간주하라.

- 공을 일부러 떠올리려고 하지 말라. 채가 알아서 해줄 것이다.

- 뒤땅을 치는 것은 체중이 뒷발에 실려 있기 때문이다. 앞발에 체중이 실리면 뒤땅을 치는 것은 불가능하다.

- 앞으로 체중을 이동시키지 못하는 것은 긴장 때문이다. 양

손을 한 덩어리로 유지하라. 그러면 체중 이동이 쉬워진다.

- 자기가 뜻하는 대로 샷이 나온다고 생각하라.

- 발을 비구선(飛毬線)을 따라 움직이게 하라. 절대 지면에 뿌리 박힌 듯 고정시키려 들지 말라.

- 생크 샷은 채가 공의 아웃사이드에 있기 때문에 발생한다. 생크 샷은 심장을 멈추게 하지만 입만은 다물게 하지 못한다. 2인치 거리로 공을 두 개 놓아라. 만일 바깥쪽 공을 치지 않는다면 생크는 치료된 것이다(나는 생크의 원인에 대해서는 그의 생각에 동의하지 않는다. 생크에 대한 단원에서 그것에 대한 이야기를 더 하겠다).

- 스윙을 하느라고 온몸의 힘을 다 빼지 말라. 게임이 끝나기 전, 꼭 필요하게 될 때가 있을 것이다.

- 공을 보내고자 하는 방향으로 채를 보내라.

- 스윙의 피니시는 아주 중요하다. 좋은 피니시 없이 곧은 공을 친다는 것은 그저 운일 뿐이다.

- 골프에 대해 어떤 이론적인 체계를 갖추도록 하라. 어떠한 이론적인 체계든지 행운에만 의지하는 것보다는 유리하다.

- 토핑(topping. 공의 윗면을 치는 것 - 역자 주)은 클럽페이스가 몸을 향해 닫히는 것이 그 원인이다(나는 토핑이 무릎을 펴기 때문에 더 많이 발생한다고 생각한다).

- 슬라이스는 손이 채의 헤드보다 먼저 나가기 때문에 생겨난다. 긴장이 주범이다. 이런 경우에는 임팩트 때 클럽페이스

가 정확히 공을 맞히지 못한다.

- 슬라이스가 나면 마음을 가라앉혀라. 세게 치면 칠수록 더 큰 슬라이스가 나게 된다.

- 라이가 나쁜 곳은 땅을 파며 쳐내기보다는 살짝 퍼올리는 편이 낫다.

- 자신에게 정직하라. 여러분이 6개월간 연습 끝에 알아낸 것을 프로는 5분도 되지 않아 가르쳐줄 수 있다.

- 공을 먼저 치고 땅을 치도록 하라. 이것은 다운 블로우에 공을 치게 해줄 것이다.

- 오른쪽 골반으로 채를 뒤로 빼고, 왼쪽 골반으로 채를 앞으로 보내라.

- 가능한 한 오랫동안 오른쪽 어깨를 뒤쪽에 두어 왼쪽 몸이 먼저 공을 지날 기회를 주도록 하라.

- 긴장이 될 때는 클럽헤드를 지면에서 살짝 들어올린 상태로 어드레스하라.

- 백스윙 때는 손이 클럽헤드보다 조금 일찍 스윙을 시작하게 하라.

완벽하고 이상적인 스윙

이것이 모든 골퍼들의 꿈인 완벽한 스윙을 해내는 방법

이다.

공의 몇 걸음 뒤에 서서 목표를 향해 정확한 비구선을 설정한다.

뒤쪽에서부터 공을 향해 걸어가 좋은 그립으로 채를 붙들고 목표선에 스퀘어하게 공 뒤에 채를 내려놓은 다음 거기에 맞게 스탠스를 조정한다.

약간 왜글을 한 뒤 다시 공 뒤에 채를 내려놓고 물이 가득 담긴 양동이를 스윙할 때와 비슷하게 포워드 프레스를 한다.

백스윙의 초기에 채가 지면과 평행을 이루게 되면 채의 토는 수직으로 하늘을 향하며 왼쪽 발꿈치가 지면에서 들려 올라가기 시작한다.

왼쪽 팔꿈치가 몸통 앞의 위치를 고수한 상태로 채는 서서히 올라가 클럽헤드가 지면을 가리키며 백스윙의 정점에 도달한다.

왼쪽 발꿈치를 다시 땅에 내려놓으면 내려오는 오른쪽 팔꿈치가 몸 옆에 붙는다.

체중은 왼쪽으로 옮아가기 시작한다. 팔이 스윙해 내려오며 전박부가 교차한다. 머리는 공 뒤에 위치하며, 채가 임팩트를 지날 때 심지어는 더 후방으로 이동한다.

몸 앞에 양 전박이 위치한 상태로 피니시를 한다. 머리는 훌륭한 샷을 따라가듯 천천히 들려 올라간다.

폴로스루 때 오른발은 그저 몸의 균형을 유지하는 역할

만을 한다.

만일 여러분이 이 이상적인 스윙 도중 균형을 잃게 된다면, 그것은 아마도 그립이 너무 약하거나 지나치게 강하거나 하기 때문일 것이다.

집에서 공 없이 느린 동작으로 스윙을 연습한다.

백스윙 때 클럽헤드를 쳐다보지 않도록 유의한다. 매번 어떤 목표점을 정해 스윙을 해야 한다.

항상, 심지어는 카펫 위에서라도 스윙하기 전에는 매번 공 뒤편에 머리를 위치하도록 자신에게 강요한다.

매일 밤, 열 번에서 스무 번씩 이 완벽하고 이상적인 스윙을 연습하며 근육들에게 당신이 무엇을 원하고 있는지를 가르쳐준다.

이 연습을 할 때 무거운 연습용 채를 사용하면 더욱 좋은 효과를 볼 수 있다.

우선순위

하루는 오스틴 컨트리 클럽에 뉴욕 사람 하나가 나타났다. 그는 하비 페닉이란 사람이 유명한 선생이라는 이야기를 들었다고 했다.

나는 물었다.

"무엇을 도와드릴까요?"

"만일 당신이 그렇게도 유명한 선생이라면, 모래 벙커에서 벗어나는 방법이나 좀 가르쳐주시오."

뉴욕 사람이 말했다.

"그렇게 서두르진 마십시오."

내가 말했다.

"저는 물론 당신께 벙커에서 벗어나는 법을 가르쳐드릴 수 있습니다. 하지만 우선 벙커에 들어가지 않는 방법을 가르쳐드리기 전에는 그렇게 할 생각이 없습니다."

가장 아름다운 스윙

내가 여태까지 본 가장 아름다운 스윙은 맥도널드 스미스의 스윙이었다.

스미스는 카누스티에서 태어나 스코틀랜드에서 골프를 배운 사람이다.

1926년, 스미스는 텍사스 오픈·댈러스 오픈·메트로폴리탄 오픈과 시카고 오픈을 석권했다. 그때 나는 장난삼아 프로 투어에서 플레이를 하고 있었는데 운 좋게도 스미스를 사귀게 되어, 그가 전성기 시절에 활약하는 모습을 지켜볼 수가 있었다.

그의 스윙은 완전하고 물 흐르듯 부드러웠으며 우아했다. 나는 이런 말 외에는 그것을 어떻게 달리 표현할 수가 없다. 그의 스윙은 마치 각개의 단어들이 부드럽게 연결되어 멋진 시(詩)를 이루는 듯했다.

스미스가 계속 수많은 토너먼트에서 우승을 차지해 PGA 명예의 전당에 이름이 오르게 된 1926년 이후, 그는 10년 동안 텍사스에서 한 번도 우승하지 못했다.

그 이유는 갑자기 몰아닥친 대공황으로 텍사스 주 코스의 급수사정이 급격히 악화되어버렸기 때문이었다.

잔디가 모두 죽는 바람에 선수들은 맨땅에서 플레이를 했고, 그에 따라 아이언 샷 때는 공을 내려치지 않으면 안 되었다. 하지만 스미스는 공을 내려치지 않았다. 그는 항상 디보트(골프채에 맞아서 뜯긴 잔디의 한 조각 ─ 역자 주)를 남기지 않고 공을 쓸어 쳤다.

시범을 보일 때, 스미스는 퍼팅 그린 위에서 2번 아이언으로 풀스윙 샷을 쳐보이고는 했는데 그러면 잔디에 약간 쓸린 자국이 남는 것이 고작이었다.

사람들은 그가 성찬대(聖餐臺) 보 위에다 공을 올려놓고 쳐도 아무것도 쓰러뜨리지 않을 것이라고 말하고는 했다.

하지만 그런 스윙으로는 텍사스 코스에서 우승을 할 수가 없었다.

스미스는 어느 해 브리티시 오픈 마지막 라운드에서 일

어났던 일을 이야기해주었다. 그 날 그들은 36홀을 돌았는데, 점심시간쯤 스미스는 수위(首位)로 경기를 리드하고 있었고, 도박사들은 5대 1로 그를 우승후보로 점찍어 내기를 걸고 있었다.

하지만 오후 라운드에 들어가자 그의 공은 계속 나쁜 라이나 형편없이 짓밟힌 잔디 위에 놓여 있는 것이었다. 그는 순간 무슨 일이 일어났는가를 깨달았다. 도박사들이 그보다 앞서 나가며 그가 잘 칠 수 없는 곳으로만 공을 옮겨놓은 것이었다(돈을 따기 위해 – 역자 주). 그 결과 보비 존스는 스미스를 제치고 우승을 하게 되었다.

목표를 맞힌다는 것

몇 년간 나는 PGA 학교와 골프 클리닉에서 단골로 시범을 보이는 사람이었다.

어떤 PGA 학교에서 나는 페어웨이 샌드 트랩에서 어떻게 아이언 샷을 하는가를 보여주고 있었다. 4번 아이언을 잡고, 나는 185야드 떨어진 나무를 정확히 조준했다. 내 샷은 목표로부터 4피트 떨어진 곳에 착지했다.

"그걸 우드로도 하실 수 있나요?"

누군가 물었다.

나는 우드로 그런 샷을 해본 적이 거의 없었다. 하지만 나는 흔쾌히 그 도전을 받아들였다.

내가 스윙을 하자 뒤에서 어떤 목소리가 들려왔다.

"나무만 맞히는 게 아니라 나뭇가지 사이로 공을 보내라고 해도 거뜬하게 해내겠군요."

마법의 동작

만일 골프 스윙에 마법의 동작이라는 것이 있다면, 그것은 내가 이 책과 연습 티에서 거듭 강조하는 바로 그 동작일 것이다.

벌써 여러 번 들은 바 있겠지만 다시 한 번 말하자면, 다운스윙을 시작하려면 오른쪽 팔꿈치를 몸 쪽으로 끌어 붙이는 동시에 체중을 왼발로 옮기라는 것이다.

이것은 별개의 두 동작이 아니라 하나의 동작이다.

이 동작을 계속적으로 반복하고 연습한다. 이 연습에는 골프채도 필요하지 않다. 이 동작의 감과 리듬이 느껴질 때까지 지속적으로 연습을 한다. 눈은 공이 있을 자리를 계속 쳐다보고 있도록 훈련을 시킨다. 그렇게 하면 머리는 항상 공 뒤에 있게 될 것이다.

나는 골프 스윙의 '비법'을 소개한다고 하는 책이나 골프 잡지들을 읽어본 적이 여러 번 있다. 이 비법은 선수들마다 상이한, 그야말로 천차만별이었다. 벤 호건의 비법은 회내전(손등이 밖을 향하도록 전박부를 회전시키는 것 – 역자 주)이었다. 바이런 넬슨에게 있어 그 비법의 동작은 회내전을 하지 않은 상태로 몸을 측방으로 이동시키는 것이었다.

실제로 모든 사람에게 다 통용되는 '마법의 동작'이란 존재하지 않는 것이다.

하지만 여러분이 내가 말한 왼발-오른쪽 팔꿈치 동작을 숙지하게 되면 여러분은 마치 마법에라도 걸린 듯 훌륭하게 공을 쳐낼 수 있을 것이다.

풀 스윙(Full Swing)을 연습하는 방법

6번이나 7번 아이언 중 가장 자신이 있는 채 하나를 골라 풀 스윙 연습의 80퍼센트에서 그것을 사용한다.

이유는 여러분에게 자신의 골프 스윙에 신뢰를 갖게 하기 위해서이다.

자신의 스윙에 신뢰를 가지도록 하는 가장 좋은 방법은 자기가 가장 믿음직스럽게 생각하는 채로 스윙 연습을 하는 것이다.

7번 아이언을 잘 칠 수 있는 하이 핸디캡 골퍼는 이 샷을 주

축으로 게임을 풀어나갈 수 있다. 파 4짜리 홀에서 7번 아이언 거리 내에 들어가기 위해 두 타를 쳐야만 한다 해도 7번 아이언 샷이 확실히 그린에 올라가리라는 것을 안다는 것은 커다란 도움이 된다. 이렇게 되면 처음 두 타가 별로 신통치 않았다 하더라도 파 퍼팅을 할 수 있게 된다.

완전한 7번 아이언 스윙은 드라이버 스윙과 똑같은 크기이다. 백스윙의 정점에서 드라이버 스윙이 더 커보이게 되는 것은 단지 채의 라이와 길이의 차이 때문이다.

드라이버와 7번 아이언 스윙의 주된 차이는 드라이버의 경우 약간 업스윙이나 스윙의 최저점에서 임팩트를 하려 한다는 것인데, 이것은 공의 위치에 의해 결정되는 사항이다.

어떤 선생들은 학생들에게 3번 아이언으로 연습을 시키는데, 이들은 아주 쉽게 칠 수 있다는 생각 때문이다.

이것은 분명한 사실이다. 하지만 나는 이 방법은 거꾸로 된 것이라고 생각한다. 7번 아이언을 제대로 치는 것을 배우는 것은 3번 아이언을 배우는 것보다 훨씬 쉬운 일로, 좋은 7번 아이언 스윙을 쓰면 3번 아이언을 훨씬 쉽게 칠 수 있는 장점이 있다.

채의 넘버가 작아진다고 그것이 더 세게 스윙을 해야 한다는 뜻은 아니라는 사실을 명심해야 한다.

물론 여러분은 모든 채를 조금씩 연습해야 한다. 하지만 드라이버에 너무 많은 시간을 허비해서는 안 된다. 드라이버는 치기가 가장 어려운 채이기 때문에 공을 티에 올려놓도록 해주는 것이다. 연습이란 것은 발전 또는 적어도 자기 실력을 유지하기 위해 하는 것으로, 이런 목적을 달성하는 가장 확실한 방법은 가장 좋은 결과를 얻을 수 있는 채로 연습을 하는 것이다.

나는 하이 핸디캡 골퍼가 드라이버를 연습하는 것은 좋지 않다고 생각한다. 그것은 실로 끔찍한 결과만을 유발할 뿐이다. 드라이버를 휘두르면 휘두를수록 골퍼는 실망과 좌절에 빠지게 되고, 스윙은 더 엉망이 되어버린다. 하이 핸디캡 골퍼들이나 일주일에 한 번 정도 필드에 나가는 사람이라면 드라이버는 아예 장 속에 넣어두고 3번 우드로 연습하고 플레이를 하는 편이 낫다.

만일 보통 수준의 골퍼가 티에서 3번 우드를 잡으면 전체적으로 보아 샷들은 더 성공적인 것들이 된다. 그래봤자 잃게 되는 것은 한 라운드에 한 번 정도의 좋은 드라이버 샷인데, 그 한 번을 위해서 그렇게 많은 시간과 노력을 쏟아부을 필요는 없는 것이다.

짧은 시간 내에 몸을 풀려면

만일 여러분이 촉박하게 코스에 도착해 라운드하기 직전

에 몸을 풀 시간이 몇 분밖에 없다면 그 시간을 이용해 치핑 연습을 한다.

칩 샷은 풀 스윙의 축소판으로, 근육과 골프 두뇌에게 플레이 준비를 갖추도록 해준다.

몸을 풀 시간이 몇 분밖에 없을 때, 대개 보통 수준의 골퍼들은 연습장으로 달려가 빠른 속도로 공을 쳐댄다. 이것은 몸에 기름칠을 해줄 수 있을지는 모르지만, 동시에 그 날의 템포를 망치고 또 머릿속에 부정적인 생각들을 심어주게 될 수도 있다.

이 말을 들으면 어떤 보통 수준의 골퍼들은 자신들이 현명하다는 생각에 흐뭇한 미소를 지을 것이다. 그들은 연습장 대신 연습그린으로 달려가 티로 나오라는 방송이 나오기 전까지 가능한 한 많은 퍼팅을 하는 사람들이다. 하지만 이것도 연습장에서 허둥지둥 공을 쳐대는 것과 다를 것이 전혀 없다. 그런 사람들은 급하게 서두르는 바람에 퍼팅 중의 상당수를 성공시키지 못할 것이고, 티에 나갈 때 즈음해서는 자신의 퍼팅 능력에 의심을 갖게 된다.

짧은 시간 내에 몸을 풀고 터치와 감을 가다듬기 위해서는, 주어진 시간을 이용하여 주의 깊게 칩 샷을 몇 번 해보는 게 가장 좋다.

이것은 여러분의 마음을 목전의 일, 즉 골프를 치는 것에 매진할 수 있도록 도와줄 것이다. 첫 티에 나갔을 때 마음이 아직도 사무실에 머무르고 있다면 즐겁기보다는 고생스러운 하루가 되기 십상이다.

치핑

치핑에 대해 알아야 할 가장 기본적인 사항은 이것이다.

폴로스루 때 손이 클럽헤드보다 앞에, 또는 적어도 같이 나가야 한다. 스윙이 끝날 때까지 말이다.

채를 샤프트에 가깝게 내려 잡고 그에 맞도록 무릎을 구부린다. 공을 향해 채를 뻗는 대신 채를 몸 가까이로 가져오고 왼발에 체중을 조금 더 싣는다.

팔꿈치를 약간 구부려 힘을 뺀다. 치핑은 공을 손으로 치는 것이지 팔꿈치로 치는 것이 아니라는 사실을 기억해야 한다.

퍼팅 스트로크처럼 백스윙과 폴로스루가 대략 같은 크기가 되도록 한다.

공을 곧장 그린에 올려 홀 컵에서 굴러가게 할 수 있는, 로프트가 가장 작은 스트레이트 페이스 채를 사용한다.

다운힐 라이나 까다로운 라이, 바람을 마주보고 있거나 그린이 빠를 때에는 항상 피칭보다 치핑을 선택한다.

그린 주위에서 중압감을 느낄 때면 항상 가장 스트레이

트한 페이스의 채를 잡는다. 원하는 만큼의 롤(roll)을 얻기 위해서는 3번 아이언이 필요할지도 모른다.

하이 핸디캡 골퍼들은 그린 주위에서 가능해 보인다면 언제든지 퍼터를 사용하는 것이 좋다. 대개의 경우, 그런 분들은 이 방법을 사용함으로써 홀에 더 가까이 갈 수 있다.

퍼팅

치핑 때와 마찬가지로 퍼팅 스트로크에 대해 가장 먼저 배워야 할 기본적인 사항은 폴로스루 때 손이 퍼터헤드보다 앞에 또는 같이 나가야 한다는 것이다.

클럽헤드가 손 앞으로 나가는 순간 공을 때리는 손목 스트로크를 쓰는 사람 중에는 빌리 캐스퍼나 치 치 로드리게스 같은 훌륭한 퍼터도 많이 있었다.

만일 내가 그런 스트로크로 퍼팅을 많이 성공시키는 학생을 만난다면, 나는 결코 그 스트로크를 바꾸려 들지 않을 것이다. 퍼팅은 개인적인 문제다. 보비 로크 같은 이는 일부러 퍼트에 훅을 걸기까지 했다. 나라면 결코 학생들에게 그런 방법으로 퍼팅을 하도록 가르치지는 않겠지만, 그렇다고 해서 보비 로크에게 그렇게 하지 못하도록 하지는 않을 것이다.

나는 아주 간단한 방법을 사용해 여러분에게 퍼팅을 가르쳐주려고 한다.

우선 공 뒤로 가서 라인을 읽는다. 공 뒤쪽에서부터 공을 향해 걸어가 손이 공보다 약간 앞으로 나가거나 또는 같은 위치가 되도록 하며 스탠스를 잡는다. 홀을 한 번 쳐다본 다음, 퍼터 페이스를 점검해 그것이 설정한 목표선과 직각이 되었는지 확인한다.

이제 한두 번 또는 세 번 정도 매 연습 스트로크에 진짜 퍼팅을 하는 것처럼 정신을 집중하며 거리를 가늠한다. 스트로크는 양동이 스윙 이미지를 이용해 약간의 포워드 프레스를 가지고 시작하는 것이 좋다.

다음, 공 뒤에 퍼터 블레이드를 내려놓고 머리와 눈을 고정시킨 상태로 마지막 했던 연습 스트로크를 똑같이 재연한다.

이 방법의 가장 큰 장점은 이것이 그 특정 퍼트의 중요성이 아니라 퍼팅 스트로크 자체에 정신을 집중할 수 있도록 해준다는 것이다. 결코 ― 다시 한 번 말하지만, 결코 ― 그 퍼팅에 엄청난 무엇이 걸려 있는지를 생각하지 않는다는 것이다. 엄청난 상금이 걸린 챔피언십이든 50센트짜리 내기든, 전에 했던 수많은 퍼트와 마찬가지로 퍼팅을 한다. 이 퍼팅이 성공하거나 실패하거나 하는 것에 연연해하지 말고, 마지막 했던 연습 스트로크를 재연하는 것에 온 정신을 집중시킨다.

퍼팅을 연습할 때는 항상 그린 위의 평평한 부분이나 약간 오르막인 곳을 선택한다.

나는 골퍼들 사이에 널리 퍼진 '지나가지 않으면 결코 들어가지 않는다'라는 말을 아주 싫어한다.

물론 컵에 도달하지 않는 공이 절대 들어갈 리가 없다는 것은 사실이지만, 컵을 지나친 공도 역시 절대 들어갈 수 없다는 것을 명심해야 한다.

나는 홀 컵에서 멈추는 퍼트를 치는 것이 가장 좋다고 생각한다. 홀 컵에서 멈추는 퍼트는 때때로 굴러들어갈 때도 있지만, 너무 센 퍼트는 홀을 맞고 튕겨나오게 마련이다. 홀 컵을 지나가나 못 미치나 들어가지 않는 것은 마찬가지이다.

너무 세게 친 퍼트에게 컵은 겨우 직경 1인치짜리가 된다. 하지만 컵에 멈추는 퍼트에게는 직경 4인치짜리의 커다란 구멍이 되는 것이다.

뿐만 아니라, 특히 컵에서 위로 오르막이 졌을 때 3피트 정도 컵을 넘어간 것보다는 1피트 짧은 것이 훨씬 퍼팅을 마무리 짓기가 쉽다.

퍼팅이 짧아지는 주원인은 너무 약하게 퍼트를 했기 때문이 아니라 스위트 스폿(sweet spot, 공에 최대의 힘을 전달할 수 있는 골프 클럽페이스의 한 부분으로 대개 페이스의 중앙에 위치한다.

이 부분으로 친 공은 다른 어떤 부위에 맞는 공보다 멀리 날아가게 된다 – 역자 주)에 정확히 직각으로 맞히지 못했기 때문이다.

나는 생쥐처럼 컵 안으로 살짝 기어들어가는 퍼트가 제일 좋다고 생각한다.

스타일을 불문하고 유명한 퍼터들에게 공통된 사항 한 가지는 그들의 퍼팅 스트로크가 대개 백스윙과 폴로스루가 같은 크기라는 것이다.

퍼터는 가급적이면 지면 가까이에 있도록 하는 편이 좋지만, 인위적으로 그렇게 하기 위해 그간 사용해왔던 좋은 스트로크를 포기할 필요까지는 없다.

짧은 퍼트를 할 때는 방향(라인)에 집중해야 한다.

긴 퍼팅 시에는 거리를 우선적으로 고려하는 것이 좋다.

나는 팔과 손목만을 사용하는 퍼팅 스트로크를 좋아한다. 하지만 아주 긴 퍼트를 할 때는 어깨를 사용해 더 긴 백스윙과 폴로스루를 할 필요가 있다.

공은 왼쪽 발꿈치 앞에 놓는다. 양발은 목표선에 스퀘어하게 놓는 것이 좋다.

만일 백 스트로크 목표선 너무 바깥쪽으로 퍼터를 빼게 되면 체중이 발가락에 실리고, 눈이 공 위에 있지 않게 될 수 있다.

눈이 공 위에 있는지 확인하는 방법 중 가장 믿을 만한 것들은 다음 두 가지이다. 눈 바로 앞에 공을 들어올려 떨어뜨린 뒤 어디에 떨어지는지를 보는 것과, 눈 앞에 퍼터 샤프트를 들고 그 샤프트가 어디를 가리키는지를 보는 것이다.

그립을 하기 위해서는, 그 채를 만든 사람이 그립을 하도록 고안한 대로 왼손을 조금 덜 쓸 것을 감안해 오른손을 채 아래로 약간 더 보낸 상태에서 블레이드를 스퀘어하게 잡는다.

일단 여러분이 좋은 퍼팅 방식을 체득하고 나면 나머지는 모두 정신적인 것이다. 여러분의 방식을 고수하는 게 현명한 일이다.

언젠가 마스터스 게임을 관람하러 갔던 나는 재키 큐핏이 연습 그린에서 퍼팅 연습을 하는 것을 보게 되었다. 한참을 지켜보았지만 도저히 그냥 있을 수가 없었다. 나는 그쪽으로 걸어가 말을 걸었다.

"잭, 내가 충고를 해줘도 되겠나?"

그는 말했다.

"그럼요. 제가 계속 이 줄(관중들이 경기 장소로 넘어오는 것을 차단하기 위해 친 줄 – 역자 주) 옆에 서 있는 이유가 뭔데요?"

그는 퍼터로 계속 풀 훅(pull-hook)을 치고 있었던 것이다. 그것을 바로잡으려고 그는 손을 높이 끌어올리며 노력하고 있었다.

나는 말했다.

"여보게, 그 채의 그립을 만든 사람이 의도한 대로 퍼터를 잡아보게나. 거기에 손을 맞추란 말일세."

재키는 나가서 67타를 기록했는데, 그것은 뒤에 벤 호건이 66타로 들어오기 전까지는 그 날의 최고 스코어였다. 재키는 만면에 즐거운 미소를 머금으며 내게 말했다.

"하비, 우리가 해냈어요."

하지만 실제로 나는 그에게 긍정적인 생각을 심어준 것 이외에는 아무것도 한 일이 없었다.

나는 가끔 사람들이 오버스핀(앞으로 먹는 스핀, 백스핀의 반대 – 역자 주)이 들어간 퍼트에 대해 이야기하는 것을 듣게 된다. 나는 이것이 거의 불가능하다고 말하고 싶다. 이것은 당구를 치는 것과 비슷하다. 당구공에 오버스핀을 넣으려면 큐 끝으로 공의 위쪽 10분의 7 정도 되는 점을 쳐야 한다. 이렇게 어렵게 퍼팅을 하려는 사람이 과연 있을까?

좋은 퍼트는 직선으로 굴러가며 점차 속력이 줄어 멈추는 것이다. 나쁜 퍼트는 가다가 삐뚤어지는 것이다.

퍼팅 그린에서는 항상 단호하게 행동한다. 어떻게 퍼팅을 할까를 결정한 다음에는 혹시 그것이 나중에 옳지 않은 것으로 판명이 나더라도, 자신 있게 자신이 생각한 바를 행동으로 옮겨야 한다.

그리고 퍼터는 왼손에 드는 습관을 들이는 것이 좋다. 원한다면 양손으로 들고 다니는 것도 괜찮다. 하지만 오른손만으로 들고 다니는 것은 절대 안 된다.

여러분의 왼손과 팔은 퍼터 샤프트의 연장이다. 그것이 여러분이 꼭 필요로 하는 감(感)이다.

나는 가끔 오른손으로 공 뒤에 퍼터를 놓는 투어 프로 선수들을 보게 된다. 그런 다음, 왼손으로 채를 잡으면 그들이 한 조준은 자동적으로 흐트러지게 되어 있다.

퍼터를 공 뒤에 놓을 때는 항상 왼손, 또는 양손을 사용한다. 그리고 항상 긍정적으로 생각한다.

내가 이처럼 퍼팅을 거듭 강조하는 이유는 내 가장 친한 친구들인 호턴 스미스와 벤 크렌쇼가 당대 최고의 퍼터였기 때문이다.

호턴 스미스는 내가 독자 여러분들에게 권하는 퍼팅 연습법을 실제 사용했다. 오른손만을 이용해 퍼트를 몇 개 해 본다. 그것이 어떤 것이라는 감이 오면 부드럽게 왼손을 핸들에 올려놓는다(하지만 나는 양손을 같이 사용하는 편을 더 좋아한다).

터치를 좋게 하는 믿을 만한 연습법 하나는 30피트 떨어진 곳에서 퍼팅을 하는 것이다. 다음 퍼트는 29피트에서 한다. 그다음은 28피트. 그리고 계속 1피트씩 거리를 줄여나가는 것이다.

또 하나, 연습 그린에서 내기를 한다. 연습 그린에서 시간을 많이 보내면 보낼수록 스코어는 좋아지게 마련이다.

두려운 4피트짜리

교회에 갔더니 어떤 아주머니 한 분이 내게 불쑥 이런 말을 하셨다.

"하비, 당신이 한다는 그 게임은 도대체 말이 되지 않는 것 같아요. 티에서 250야드를 쳐도 한 타이고, 3피트나 4피트짜리 퍼트도 똑같이 한 타라니요?"

아무리 뛰어난 골프 전문가라 해도 그녀가 지적한 점을 반박할 수는 없을 것이다. 벤 호건은 포트워스에 있는 그의 홈그라운드 클럽 셰이디 오크스에서 페어웨이와 그린 언저리에서 핀에 가깝게 붙이는 샷은 플레이를 하지만 퍼팅은 아예 한 개도 하지 않았다.

오빌 무디는 4피트짜리 퍼트 때문에 투어에서 떨려날 뻔했다는 이야기를 하고는 했다.

"저는 두 번의 훌륭한 샷으로 440야드를 보내서 공이 홀컵에서 불과 4피트 떨어진 지점에 떨어졌을 때, 만약 그 짧은 퍼트를 실패한다면 그 두 번의 훌륭한 샷과 똑같은 두 타(打)가 된다는 사실을 떠올리고는 끔찍해했던 기억을 잊어버릴 수가 없어요."

그가 말했다.

이것은 오빌이 그의 엑스트라 롱 퍼터를 장만해 시니어 투어에서 커다란 상금들을 획득하기 전의 이야기이다(내가 구식이라 그런지는 모르지만 이 엑스트라 롱 퍼터들은 영 마음에 들지 않는다. 그들은 아주 우스꽝스러워 보인다). 나는 골프 룰에 양손이 항상 접촉해야 한다는 것이 있어야 한다고 생각한다.

우리 클럽 멤버인 어떤 85타 골퍼가 한번은 이런 말을 한 적이 있다.

"하비, 저는 4피트짜리 퍼트보다는 호수 너머로 175야드를 쳐야 하는 샷을 만나는 게 더 마음이 편해요."

골프 세미나에서 강의를 할 때, 나는 자주 다음과 같은 말로 말문을 열고는 한다.

"여러분들과 같이 훌륭한 레슨 프로들 앞에 선다는 것은 저를 빠른 그린에서 왼쪽으로 휘는 3피트짜리 내리막 퍼트를 제외한 어떤 것보다도 초조하게 만듭니다."

(아마 여러분 중의 상당수는 '하비가 무엇을 혼동한 모양이군. 오른손잡이에게 오른쪽으로 휘는 내리막 퍼트가 제일 어렵다는 건 상식인데'라고 말할 것이다. 하지만 나는, 한 번에 250명까지의 프로로 구성된 학생들에게 세미나를 해오는 동안, 왼쪽으로 휘는 내리막 퍼트가 마음을 가장 불안하게 만든다는 내 말에 이의를 제기한 사람이 단 한 명도 없었다는 사실을 말하고 싶다. 사실은 오른쪽으로 휘는 것이나 왼쪽으로 휘는 것이나 둘 다 몹시 어렵기는 마찬가지이다. 내가 왼쪽으로 휘는 것이 가장 어렵다고 하는 이유는, 그런 경우에 대부분의 골퍼가 홀의 오른쪽을 조준하기 때문에 스트로크가 인사이드에서 밖을 향해 나오는 경향이 생겨 브레이크(break, 그린의 경사로 인하여 퍼트가 직선에서 휘

어나가는 양을 지칭하는 용어로 주로 미국에서 쓰임. 영국에서는 보로우(borrow)라고 한다 - 역자 주)를 지나 혹이 나기 때문이다).

잠깐 이 두려운 짧은 퍼트에 대해 생각해보고, 혹시 그 두려움을 조금이라도 덜 수 있는 방법이 있는지 찾아보기로 하자.

보통 수준의 골퍼는 두려움과 정신 집중의 부족으로 짧은 퍼트를 놓치게 된다. 스트로크로 홀 컵에 퍼트를 넣으려는 생각 대신, 그런 사람들은 그린에 서서 결과를 지켜보는 다른 사람들이 자신이 한 퍼팅을 어떻게 생각할까 등의 잡다한 생각들을 머릿속에 갖고 있는 것이다.

보통 수준의 골퍼들은 훨씬 쉬운 3, 4피트짜리 퍼트를 재는 데 10피트짜리 퍼트를 잴 때만큼도 신경을 쓰지 않는다.

내가 보통 수준의 골퍼들에게서 보게 되는 또 하나의 중대한 실책은 짧은 퍼트를 홀 컵으로 운전해 넣으려 한다는 것이다. 그들은 스트로크로 공을 조작해 브레이크를 극복하려고 한다.

짧은 퍼트를 하는 옳은 방법은 공 뒤쪽에서 목표선을 잡아 접근하는 것이다. 만일 컵 왼쪽 2인치 지점에서 휠 것이라는 생각이 든다면, 홀 컵을 향해 어중간하게 밀어붙이는 것이 아니라 바로 그 지점을 향해 스트로크를 해야 하는 것이다.

퍼팅을 할 때는 내가 말한 대로 일정한 체계적인 방식을 사용해야 한다.

라인에 정신을 집중하며 머릿속에서 온갖 잡다한 생각들을 씻어내고, 한두 번 혹은 세 번 정도 연습 스트로크를 한다. 다음 마지막 연습 스트로크를 재연한다. 고개를 들어 공이 어디로 가는지 훔쳐볼 필요는 없다. 그저 라인에 따라 스트로크를 하는 것이다. 이런 기계적인 방식은 여러분이 딴생각을 하는 것을 차단하는 데 도움이 될 것이다.

부정적인 생각과 부주의는 다른 어떤 요소들보다도 짧은 퍼트를 많이 놓치게 만든다.

만일 왼쪽으로 휘는 내리막에서 퍼팅을 해야 한다면 퍼터의 토로 공을 치는 것도 효과적이다. 이렇게 하면 브레이크 현상을 일부 또는 전부 극복할 수 있다.

내가 학생들에게 이 말을 해주면 그들은 항상 질문을 해오곤 한다.

'그러면 만일 반대인 오른쪽 방향으로 브레이크가 있으면 힐(Heel)로 퍼트를 해야 하나요?'

내 대답은 '노(no)'이다. 절대 힐로 공을 쳐서는 안 된다.

평평한 곳에 있는 3, 4피트짜리 퍼트는 − 여러분이 정확히 홀컵의 중심만 조준했다면 − 퍼터 페이스의 스위트 스폿에 공을 맞히기만 하면 항상 들어가게 되어 있다.

목표선 말고는 어떤 것에도 걱정을 하지 말라. 힘이 모자라 공이 들어가지 않을 리는 절대 없다.

짧은 퍼트를 할 때에는 목표선 선정에 신중을 기해야 한다. 몸에 익은 체계적인 방식을 이용하고 자신감을 갖는다.

제아무리 세계 최정상의 골퍼일지라도 짧은 퍼트에서 실수를 할 때가 있는 법이다. 하지만 그것은 그리 자주 있는 일이 아니다. 여러분들이라고 그렇게 하지 못할 이유는 전혀 없다.

생크 샷

생크 샷은 너무도 끔찍한 것이라 나는 그 단어를 쓰는 것조차 몹시 싫어한다.

그래서 여기서는 대신 '측면 샷'이라고 부르기로 했다.

훌륭한 선수였던 내 제자 하나는 어느 날 갑자기 이 측면 샷들을 치기 시작했다. 그는 연습장으로 찾아와 내게 그 샷들을 보여주었다.

그가 훌륭한 선수라는 것을 알고 있던 나는 그 자신이 스스로 그 난국을 헤쳐나갈 방법을 깨우칠 것이라 생각하고, 이렇게 말했다.

"하지만 연달아 열두 번을 그렇게 칠 수는 없을 걸세."

하지만 그는 거기 서서 열두 번 연달아 그런 샷을 했다.

"이젠 어쩌지요?"

그가 물었다.

"집에 돌아갔다가 내일 다시 들러보게."

나는 말했다.

대부분의 사람들은 이 샷이 임팩트 때 완전히 닫힌 블레이드로 치기 때문에 일어난다고 생각하지만, 그것은 옳지 않은 생각이다. 대개의 경우, 이런 샷은 풀(full, 잡아당기는 샷 – 역자 주)이나 풀이 될 것으로 예상되는 샷을 막으려 할 때 발생하게 된다.

공을 너무 앞쪽(왼발 쪽)에 두는 것도 원인이 될 수 있다. 초보자들은 공에 너무 가까이 서기 때문에, 그리고 노련한 골퍼들은 너무 공에서 멀리 떨어지기 때문에 이런 샷이 유발되는 것이다. 골퍼가 너무 오랫동안 고개를 들지 않으려고 하는 것에도 적지 않은 원인이 있다. 이렇게 되면 머리가 너무 낮게 위치하기 때문에 채의 아크(arc, 채를 휘두를 때 채가 그리는 원호(圓弧) – 역자 주)가 길어져 임팩트 때 왼팔이 구부러지는 결과를 초래한다.

또 나쁜 시력이 원인이 되는 경우도 있다. 비행사들에게 물어보면 알겠지만 시력은 항상 일정한 게 아니라 날마다 조금씩 변화가 있다.

🏌 **측면 샷의 치료법**

생킹이 그칠 때까지 모든 아이언 샷을 채의 토로 치려고 의식적인 노력을 할 것.

절대로 목표의 왼쪽을 조준하지 말 것. 목표의 오른쪽을 조준하고 있다고 생각하면 훨씬 나아질 것이다.

채의 토가 롤링 오버(rolling-over, 클럽페이스가 안쪽을 향하도록 완전히 닫히게 회전하는 것 - 역자 주)를 하는 것처럼 느낄 것.

목표선 1인치 밖에 목표선에 평행하게 종이상자를 하나 놓거나 티를 꽂아놓을 것. 상자나 티를 건드리지 않고 공을 치는 연습을 한다.

클럽페이스가 닫힌 상태에서 측면 샷을 낸다는 것은 불가능한 일이다. 실제로 클럽페이스를 닫고 가장 자신 있는 스윙과 폴로스루를 해보거나 스윙 내내 클럽페이스를 닫힌 상태로 유지해보면, 공이 왼쪽으로 갈지는 몰라도 절대 생크를 낼 수는 없을 것이다.

내가 선생이 되기로 결심한 이유

샘 스니드.

나는 1930년대 중반, 휴스턴 오픈 때까지도 나 자신이 꽤 괜찮은 선수감이라고 생각했고, 프로 투어에 뛰어들고 싶은 유혹을 떨쳐버리지 못하고 있었다.

그러던 중에 내가 퍼팅 연습을 하고 있을 때, 어떤 친구가 물어왔다.

"하비, 자네 스니드라는 어린 친구가 공치는 걸 본 적 있
나? 지금 막 티 오프를 하려는 참인데 한번 보게나."

나는 그 말을 듣고 티로 걸어가 웨스트버지니아 주에서
온 그 젊은 친구가 드라이버를 치는 것을 보았다. 눈으로 보
았을 뿐 아니라 귀로도 들었다.

장총소리 같은 굉음과 함께 공은 총알처럼 날아갔다.

그 순간, 나는 내 미래가 프로 선수에 있지 않다는 사실을
깨달았다.

스탠스

공 앞에 설 때에는 건너편에 있는 사람과 악수를 하듯 편
안하게 선다. 몸을 비틀어 괴상한 모습으로 설 필요가 전혀
없다. 만일 누군가와 악수를 하려 한다면 몸을 옆으로 구부
정하게 구부리거나 많은 초보자들이 하듯 그렇게 앞으로
상체를 푹 숙이지는 않을 것이다.

만일 원래가 팔자(八字)걸음으로 걷는 사람이라면 평소에
걸음을 걸을 때처럼 발을 편안히 벌리는 것이 좋다. 만일 원
래 안짱걸음으로 걷는다면 발을 더 스퀘어에 가깝게 놓는
것이 좋다.

많은 훌륭한 선수들은 벤 호건 식의 발 위치를 선호한다. 이것은 오른발은 목표선에 스퀘어하게 놓고, 왼발은 목표를 향해 앞쪽을 몇 인치 벌린 자세로 놓는 것이다. 이 스탠스의 장점은 스퀘어하게 놓인 오른발이 너무 긴 백스윙을 하게 하는 것을 단축시키는 데 도움을 주고, 비스듬히 놓인 왼발이 완전한 체중 이동과 폴로스루를 용이하게 해준다는 것이다.

하지만 보통 수준의 골퍼에게는 몸통의 회전을 더 크게 할 수 있도록 오른발 앞쪽을 조금 더 벌리도록 하는 것이 좋을지 모른다.

스탠스를 닫고 싶다면 오른발을 목표선에서 몇 인치 후퇴시킨다. 하지만 이때는 오른쪽 어깨와 골반도 발과 함께 뒤로 물러나야 한다. 단지 오른발을 뒤로 옮긴 것만으로 스탠스를 닫았다고 생각하는 사람들이 너무도 많다. 사실, 오른발만 뒤로 옮기고 어깨와 골반은 원래의 상태로 그대로 놓는다면 전혀 변화가 없는 것이다.

스탠스를 열기 위해서는 왼발을 목표선에서 몇 인치 후퇴시키고 골반과 어깨도 발을 따라 움직이도록 한다.

공에 임할 때는 마치 앉을 때의 최초 동작을 취하듯 무릎을 약간 구부린다. 학생들에게 무릎을 구부리라고 하면, 그들은 아주 어설프게 무릎을 구부렸다 폈다 하곤 한다.

나는 사실 이 '앉는다'라는 생각을 심어주기가 조심스러운 게, 어떤 때는 한 학생이 내가 처방한 약을 병째로 모두

마셔버려 다음 번 보게 될 때에는 정말 의자에 앉은 것 같은 자세로 나타날 경우가 종종 있기 때문이다.

긴장을 풀고 편안한 마음으로 어떤 것도 무리하게 하려 들지 말아야 한다.

프로에 들어가기 전, 대학시절 내 문하에 있던 웨슬리 엘리스 주니어는 내가 봐왔던 선수 중 가장 자연스러운 스탠스를 하는 선수였다. 웨슬리는 보통 걸음으로 공으로 걸어가 발을 멈추고는 그냥 공을 쳤다. 그런 그는 내가 아는 어떤 선수보다도 오랫동안 프로에서 활약을 했다.

웨슬리는 브래컨리지 파크에서 라운드를 할 때면 항상 충실하게 뒤를 쫓아다니는 개를 한 마리 키우고 있었다. 그 개는 웨슬리가 공을 칠 때면 조용히 앉아 구경을 하며 단 한 번도 다른 사람들을 괴롭힌 적이 없는 정말 훌륭한 벗이었다.

아주 나쁜 습관 하나

스윙을 시작할 때 뒤로 가는 클럽헤드를 보는 것은 여러분이 좋은 샷을 하게 될 기회를 여지없이 망쳐놓을 것이다.

클럽헤드를 뒤로 뺄 때(백스윙 때) 아무리 엄청난 실수를 한다고 해도 뒤로 가는 클럽헤드를 보는 것보다는 나을 것이다.

이런 나쁜 습관이 든 골퍼의 수가 상당히 많다는 것에 나는 그저 놀랄 따름이다.

처음 만나는 학생들을 대할 때

나는 처음 만나는 학생들을 데리고 연습장으로 가기 전에, 클럽하우스에 들어가 커피 한 잔을 마시며 이야기를 나누는 것을 좋아한다.

대개의 경우, 학생들은 매우 초조해하고 있다. 나는 되도록 그들의 마음을 편하게 해주려고 한다. 그들이 나를 완전히 신뢰하게끔 만들려고 하는 것이다. 나는 커피를 마시며 그들의 샷이 어떤지, 얼마나 자주 연습이나 플레이를 하는지, 그들의 목표가 무엇인지를 물어본다.

나는 그들에게 말한다.

"오늘 저기 나가서 범하게 되는 모든 실책은 내 탓이지 자네들 탓이 아니라네."

나는 채가 나쁘다느니 어쩌니 하며 채를 탓하는 학생들의 소리를 들으면 이렇게 말하고는 한다.

"이보게, 자네 스윙은 우선 첫째로는 내 잘못이고, 둘째로는 자네 잘못이며, 채는 기껏해야 세 번째라네."

나는 새로 만난 학생에게 우드나 아이언 중 어떤 것을 더 좋아하는지, 어디 몸이 불편한 데는 없는지, 요새 어떻게 사는지 등등 이것저것을 물어본다. 나는 내게 온 학생들을 이해하고, 나와 함께 있을 땐 편안한 마음을 갖도록 하고 싶다.

이런 일은 약 20분쯤 걸리지만, 이것은 그들이 제대로 첫발을 내디딜 수 있게 만들어준다.

경쟁

벤 크렌쇼와 톰 카이트가 같은 시기에 같은 동네에서 자라 나란히 텍사스 대학에 들어갔던 것은, 어린 시절부터 최상급 라이벌을 만날 수 있었다는 점에서 둘 다에게 크나큰 행운이었다.

훌륭한 골프는 자기보다 못한 선수들을 이기는 것으로 배우는 것이 아니다. 크렌쇼와 카이트의 경우에 있어 그것은 경쟁 상대 고등학교의 대표선수로 있는 훌륭한 골퍼와 겨루며 훌륭한 골프를 하도록 배우는 것이었다.

벤 호건과 바이런 넬슨도 비슷한 경우였다. 그들은 같은 시기에 포트워스에서 성장했으며, 두 사람 모두 글렌 가든에서 캐디 생활을 했다. 어린 시절부터 그들은 누가 자신의 최고 라이벌이 될지를 알고 있었다.

바이런과 벤이 자라 어른이 되자, 그들은 자신들에게 휴스턴 출신의 지미 디마렛이라는 제3의 라이벌이 있다는 것을 알게 되었다.

경쟁을 할 때, 여러분은 항상 자연스럽게 행동해야 한다. 휴스턴 출신의 어린 선수들은 항상 농담을 하고 느긋하게 굴던 디마렛을 흉내 내고는 했다. 반면 포트워스에서는 어린 선수들이 항상 심각한 벤 호건이나 냉정해 보이는 바이런 넬슨을 그대로 모방했다, 만일 여러분 자신이 느긋하고 농담을 즐기는 편이라면 주저하지 말고 농담을 즐기면 된다. 만일 그 반대로 심각한 편이라면 굳이 그렇지 않은 척할 필요가 전혀 없다.

대학에 있을 때, 나는 벤 크렌쇼를 제외하고는 다른 위대한 선수를 코치해본 적이 없었다. 벤이 대학 팀에 들어와 선수 생활을 시작할 때쯤 해서 나는 조지 해넌에게 코치자리를 물려주고 은퇴를 하긴 했지만, 그래도 나는 항상 나 자신이 그의 코치인 것처럼 생각해왔다. 벤은 어떤 운동을 택했더라도 성공을 했을 재능 있는 선수였다. 나는 그가 다른 운동 대신 골프를 택했다는 것을 아주 기쁘게 생각하고 있다.

내가 코치로 있었을 즈음에는 대개의 대학 골프 선수들이, 골프 말고는 다른 대학에 있는 인기 있는 스포츠 종목 팀에 들어갈 수 있을 정도로 운동을 잘하는 사람이 거의 없었다. 내가 여태까지 봐왔던 대학 선수들 중 가장 뛰어났던 골퍼로, 1954년 제트 전투기 사고로 목숨을 잃지만 않았더라면 명성을 날리는 프로 챔피언이 되었을 모리스 윌리엄스 주니어도 수영조차 하지 못했으니까 말이다.

프로 투어에 점차 많은 상금이 걸리기 시작하자, 운동 감각이 더 뛰어난 선수들이 대학 골프 팀에 들어오기 시작했다. 포트워스 출신의 내 오랜 친구인 잭 그라우트에게 처음 골프를 배웠던 잭 니클라우스는 여러 운동에서 두각을 나타낼 수도 있었을 것이다.

요즈음 젊은 PGA 챔피언 존 델리 같은 선수들을 TV에서 볼 때마다 나는 그들이 다른 운동을 했더라도 그만큼 유명해질 수 있었으리라는 것을 알 수 있다. 프로에는 우람한 근육으로 몸통 스윙을 하는 사람과, 주로 팔을 이용해 스윙을 하는 두 부류가 있지만 델리는 양쪽을 모두 갖추고 있는 선수이다. 많은 사람들은 좋은 뜻으로 델리의 지나치게 긴 '어크로스 더 라인(across the line, 목표선을 따라가는 것이 아니라 어느 한 지점에서 목표선을 횡단하는 것 – 역자 주)' 스윙을 바로잡아주려고 할 것이다. 하지만 내가 본 바에 의하면 그는 별로 고칠 것이 없다는 생각이다.

어떤 골퍼가 운동신경이 무디다고 해서 그가 최상급의 선수가 될 수 없다는 것은 결코 아니다. 오히려 그런 사람이 더 훌륭한 선수가 되기도 한다.

미식축구 선수들이 내게 교습을 받으러 오면 마치 어떤 기정사실이라도 되듯이 윙이나 쿼터백들이 제일 잘 치게 된다. 가장 가르치기 어려운 것은 온몸이 우람한 근육으로

뒤덮인 남자들이다. 하이스먼 트로피를 받은 바 있는 텍사스 대학의 강력한 러닝 백, 얼 캠벨은 골프를 자주 치지만 내게 교습을 받으러 찾아온 적은 없었다.

만일 그가 나를 찾아온다면 나는 그에게 쇼트 게임을 연습하도록 할 것이다.

나는 골프 샷 때의 부담감을 농구의 프리 드로우에 비교하곤 한다. 선수들은 완전히 정지한 상태에서 시작해야 하고, 골대는 움직이지 않으니까 말이다.

언젠가 나는 농구 코치들과 만나 게임이 경각에 달렸을 때 중요한 프리 드로우를 하러 나가는 선수에게 무슨 말을 해주는가를 물어보았다. 대부분의 코치들은 선수들에게 '자연스럽게 해'라고 말해준다고 했다.

골프에서도 부담감이 있는 큰 경기가 있을 때 선수에게 어떤 식으로 하라고 충고를 하려면, 그전에 선수에 대해 잘 알고 있어야 한다. 선수 중에는 부담감을 느낄 때 최상의 플레이를 하는 선수가 있는가 하면, 그 부담감을 잊게 해줄 때 최상의 플레이를 하는 선수도 있으니 말이다.

어린이와 골프 카트

나는 어떤 어린 플레이어라 할지라도 골프 카트(미국에서 흔히 사용되는 골프 코스용 자동차 - 역자 주)를 타고 코스를 돌아다니는 골프로서는 자기 능력을 최대한 발휘할 수가 없다고 생각한다.

채를 스윙할 수 있을 정도의 나이가 되었다면 그들은 걸으며 다리를 단련해야 하고, 그저 단순히 골프 카트만 타고 다녀서는 얻을 수 없는 게임의 리듬을 느끼는 것을 배워야 할 것이다.

어린아이들이 엄마, 아빠와 함께 카트를 타고 다니며 즐기는 것은 큰 무리가 없다고 생각한다. 하지만 네 명의 어린이가 두 대의 카트에 나누어 타고 코스를 돌아다니는 모습은 실로 슬픈 광경이다.

월터 하겐은 코스에 나온 시간을 이용해 멈추어서 꽃향기를 맡으라고 한다. 이러한 감수성은 골프가 갖고 있는 교육적인 것이며, 동시에 강한 매력이다. 만일 카트를 타고 다니며 어른이 된다면 그런 것을 느끼게 되기는 힘들 것이다.

헬런의 이야기

60년 전, 우리가 결혼했을 때 하비는 벌써 골프계에서 명성을 떨치고 있었다. 열여덟에 오스틴 컨트리 클럽의 수석 프로가 되었고, 스물여섯에 텍사스 대학의 골프 코치가 되었으니까 말이다. 그래서 나는 사람들에게 항상 하비 페닉 부인으로만 알려지게 되었다. 내가 헬런이라는 사실을 아는 것은 그저 내 친구들 몇몇뿐이었다.

사람들은 말하곤 했다.

"저 여자가 하비 페닉의 부인이야. 분명 골프를 어떻게 쳐야 하는지 알고 있을 거야."

나 역시 골프를 아주 좋아하기는 했지만 핸디캡은 18 정도였다. 나는 마침내 내 처녀 때 이름 – 헬런 홈스 – 을 쓰게 되었는데, 그것은 우습게도 골프 시합에 나갈 때뿐이었다(남편 이름을 쓰면 너무 주목을 받게 될까 두려워서였다).

내가 마지막으로 하비와 플레이를 했던 것은 리버사이드 드라이브에 있는 오스틴 컨트리 클럽 구(舊)코스에서 스코틀랜드 사람들과 혼합 포섬(각 팀이 한 명의 여자와 한 명의 남자로 구성된 4인조 게임 – 역자 주)을 했을 때였다. 우리의 상대 팀은 록하트에서 온 마르타와 펙 웨스트모어랜드 부부였다.

티 오프를 하기 직전, 하비는 내게 말했다.

"헬런, 펙이 공을 아주 엉망으로 치고 있어. 아무래도 그립 때문인 것 같아. 내가 펙을 도와주는 동안 마르타와 함께 카트를 타고 가주지 않겠어?"

여섯 홀이 지나자, 펙은 아주 훌륭한 플레이를 하게 되었다. 그러자 하비가 다시 내게 와 말을 했다.

"헬런, 마르타가 퍼팅 스트로크 때문에 아주 고생을 하는 것 같아. 잠깐 펙과 카트를 타고 다닐 수 있겠어? 그동안 마르타를 좀 도와줄게."

마르타는 7번 홀에서 투 퍼트를 하더니 8번, 9번 홀에서는 단 한 번의 퍼팅으로 공을 홀 컵에 넣었다.

9번 홀의 티에서 내가 말했다.

"하비, 당신은 마르타와 펙을 도와주었어요. 이제 제가 무엇을 잘못하고 있는지 한번 말씀해주시지 않겠어요?"

하비는 대답했다.

"모르겠는데, 솔직히 말해서 당신이 치는 건 보지도 않았거든."

그래서 나는 그 이후 단 한 번도 그와 플레이를 하지 않았다. 하비는 내게 15분쯤 교습을 해주다가는 어디론가 사라져버리곤 했다.

어쩌면 하비의 그런 점이 내가 그와 결혼을 하여 이 오랜 세월 동안 함께 살고 있는 이유일지도 모르겠다.

배움

나는 선생들에게서 가르치는 법을 배운다.
나는 골퍼들에게서 골프를 배운다.
나는 코치들에게서 승리를 배운다.

골프를 가르치는 사람들 중에는 남들과 상이한 독특한 방법을 쓰는 훌륭한 선생님들이 많이 있다. 나는 나와 다른 교습법을 쓰는 사람들에게 귀 기울이기를 좋아한다. 그들에게는 필경 배울 것이 있을 것이다. 내가 쓰는 방법이야 내가 이미 오래전부터 알고 있는 것이므로, 다른 사람의 말에 귀 기울이는 것을 나는 중요하게 생각하고 있다.

피아노의 거장 호로비츠는 제자들에게 이런 말을 했다고 한다.

'과감한 행동을 하는 것을 결코 두려워하지 말라. 조언 없이 연주하는 것을 결코 두려워하지 말라. 나는 여러분들을 가르치기 위해서가 아니라 단지 인도하기 위해 있는 것이다.'

틴슬리에게 이 이야기를 해주었더니, 이렇게 대꾸하는 것이었다.

"어쩜, 그 사람은 아버지랑 똑같은 이야기를 하는군요."

나는 사촌 D.A. 페닉 박사가 윌머 앨리슨에게 텍사스 대학의 테니스 코치직을 넘겨줄 때 했던 말을 결코 잊지 못할 것이다.

'윌머, 난 자네가 학생들이 대학에 다니는 4년 동안 그들을 더 좋은 선수로 만들어줄 것을 믿어 의심치 않네. 하지만 테니스만 더 잘 친다고 더 나은 사람이 되는 걸까? 사실 더 나은 사람이 되는 것만큼 중요한 일은 없네.'

내가 만났던 여인들

내게는 미국 여자 오픈 우승자 10명과, 스포츠계에서 가장 들어가기 어렵다는 LPGA 명예의 전당에 이름이 오른 12명 중 네 명을 지도했던 행운이 있었다.

나는 그들을 포함하여 내 골프 경력 동안 지도할 수 있었던 다른 훌륭한 여자 학생들을 아주 자랑스럽게 생각하고 있다.

하지만 수많은 교습 중에서 내가 가장 자랑스럽게 생각하는 것은 나를 만나러 일부러 파리에서 왔던 어떤 여자분에게 해준 교습이었다.

파리에서 온 여인

그녀는 골프에 재능은커녕 채를 휘두를 힘조차 없어 보이는 검은 눈매를 가진 작고 예쁘장한 여인이었다.

그녀는 마치 평생 막대기로 무엇을 쳐본 적도 없는 것 같았다.

내가 어디서 왔느냐고 묻자, 그녀가 대답했다.

"파리요."

내가 되물었다.

"텍사스 주, 파리 말이죠?"

그녀가 대답했다.

"아뇨. 프랑스 파리예요."

나는 프랑스에서부터 교습을 받으러 그 먼 길을 달려온 그녀가 땅 위에 놓인 공조차 제대로 맞히지 못한다는 사실에 놀라움을 금치 못했다.

첫 교습을 하기 전 그녀를 대면했을 때, 나는 그녀의 목표가 무엇인가를 물었다. 그녀는 집에 돌아가서 남편과 함께 골프를 칠 수 있게 되기를 원한다고 대답했다.

그녀는 스윙이라는 것에 대해 본 적도, 들은 적도 없는 듯한 동작으로 공을 몇 개 쳐보였다.

나는 그녀 앞에 서서 그녀에게 채를 쥐도록 하고, 채의 샤프트를 붙들었다. 나는 샤프트가 지면에 평행해질 때까지 채를 곧장 뒤로 이동시켜 백스윙 동작을 시작한 다음, 내 손이 채를 곧장 치켜들자 그녀는 자연스럽게 몸을 회전시키며 지면에서 왼쪽 발꿈치를 들어올렸다.

그런 다음에 나는 채의 핸들을 붙들어 끌어내렸다. 왼쪽 발꿈치가 자연히 다시 지면에 닿았다. 나는 아주 천천히 샤프트를 움직여 폴로스루 동작과 양 팔꿈치가 몸 앞에 위치하는 피니시를 시켰다.

나는 그 동작을 다섯 번까지 거듭 반복했다.

나는 직접 말하는 대신 매번 조금씩 리듬을 더해 반복함으로써 그녀에게 양동이 스윙의 이미지를 심어주었다.

"이제 어떻게 하는지 알았을 거예요."

나는 말하고는 티에 공을 하나 올려놓았다.

"여태까지 배운 대로 채를 스윙해보세요."

내가 말했다.

"골프공을 친다는 생각을 하지 마세요. 스윙을 해서 저 티를 부러뜨린다고 생각하세요."

그 예쁘장한 여인은 허공을 가르는 75야드짜리 샷을 해 냈다.

우리는 둘 다 어찌나 기뻐했는지 모른다. 그녀는 기쁨에 깡충깡충 뛰며 내게 키스를 해주었다.

"전 너무 기뻐 온몸이 다 떨려요."

그녀가 말했다. 그녀는 일주일 동안 머물렀다. 매일 나는 그녀에게 교습을 해주었다.

그녀가 공을 꽤 잘 치게 되었을 때, 나는 말했다.

"이제 돌아가 남편과 골프를 치셔도 될 거예요. 남편이랑 나가시면 처음 다섯 라운드는 모든 샷을 티에 올려놓고 치 도록 하세요. 그러면 공연히 공을 띄우려고 하지 않아도 될 거예요. 그렇게 다섯 번만 지나면 당신은 진짜 골프를 치게 될 겁니다."

프랑스로 돌아간 그녀는 꽤 훌륭한 플레이어가 되어, 그 후 오랜 세월 동안 남편과 골프를 즐기게 되었다.

선생으로서 이 이상 더 바랄 게 무엇이 있을까?

베티 제임슨

내 여제자 중 처음으로 유명세를 탄 사람은 베티 제임슨이었다. 베티는 19세 때 텍사스 대학에 들어왔는데, 그녀는 그때 벌써 훌륭한 아마추어 경력을 가지고 있었다. 베티는 꽤나 독특한 학생이었다. 그녀는 아주 뛰어난 화가로 예술에 대해 깊은 사랑을 가지고 있었다. 헬런은 기숙사에 들러 베티를 데려와 내게 교습을 받게 하고, 다시 집으로 데려다 주고는 했다.

베티는 샌안토니오의 토드 메네피와 댈러스의 프랜시스 슈나이더에게서 훌륭한 교습을 받은 적이 있었다.

베티가 내게 왔을 때, 그녀는 아이언 샷을 왼쪽으로 잡아 당기려는 경향이 있었다. 그래서 우리는 왼팔과 몸 왼쪽을 컨트롤하는 것을 집중적으로 연습했다. 그 결과, 그녀는 트랜스 미시시피와 텍사스 아마추어 대회 등 유명한 아마추어 토너먼트에서 우승을 했다. 미국 아마추어 선수권에 나갔던 베티는 점심때쯤 36홀 결승전에서 6위를 기록하고 있었다. 그녀는 샌안토니오에 살고 있는 '행운을 가져다주는 친구'에게 전화를 걸어 빨리 오스틴으로 와달라고 부탁했다. 그 친구는 다행히도 시간 내에 도착했고, 베티는 미국 아마추어 선수권에서 우승을 했다.

베티는 21세에 학교를 떠나 프로에 입문했고, 미국 여자 오픈을 두 번이나 제패한 뒤 명예의 전당에 올랐다.

베티와 나는 함께 텍사스 주 스포츠 명예의 전당에 올랐는데, 나는 그것을 대단한 영광으로 생각하고 있다. 지금 그녀는 플로리다 주에서 미술가로 활동하고 있다.

캐시 위트워스

캐시 위트워스는 상냥하고 사려 깊은 사람이다. 그녀를 알게 된 것은 하디 루더밀크를 통해서였다. 어느 날, 뉴 멕시코의 잘에서 프로 생활을 하던 하디 루더밀크는 전화로 그녀를 내게 보내겠다고 했다. 캐시의 어머니는 오스틴까지 800킬로미터가 넘는 먼 거리를 찾아왔다.

캐시가 왔을 때, 그녀는 79킬로그램이 넘는 비만이었다. 그녀가 제일 좋아하는 운동은 냉장고를 뒤지는 것이라는 생각이 들 정도였으니까 말이다.

나는 캐시에게 살을 빼도록 권유하며 그립과 폴로스루를 조금 교정해주었다. 그녀는 돌아가 뉴 멕시코 아마추어 대회를 제패한 다음, 고등학교에 진학했다. 하지만 몇 달이 지나기도 전에 그녀는 학교를 그만두어버렸다. 그녀는 내게 편지를 한 통 보내왔다.

'이 말을 들으시면 제 엉덩이를 걷어차고 싶으실지도 몰라요. 하지만 말씀드리겠어요. 전 프로에 들어가고 싶어요.'

그녀의 어머니는 보몬트까지 운전을 해 캐시를 데려다

주었는데, 캐시는 첫 출전에서 상금을 받는 개가를 올렸다.

캐시는 남녀를 불문하고 샘 스니드를 포함한 여타의 선수들보다 많은 경기에서 우승을 했다. 그녀는 꼭 필요할 때, 다른 어떤 선수보다도 훌륭하게 긴 퍼팅을 성공시킨다.

캐시는 얼마 전, 남들을 어떻게 가르치는가에 대해 교습을 받으러 나와 헬런을 방문한 적이 있었다. 캐시 같은 훌륭한 선수들 중 상당수는 자기들에게 편한 독특한 방식으로 스윙을 하기 때문에 굳이 그것에 대해 생각하거나 설명을 할 필요가 없다. 나는 몸통 회전에 대한 내 지론을 설명해 주었다. 그녀는 이 동작을 간단한 단어들로 설명하는 방법을 배우자 아주 기뻐했다. 실제로 많은 대선수들은 그들이 훌륭한 스윙을 보여줄 수 있기는 해도 어떻게 하는가에 대해서는 설명을 못하는 경우가 많다.

"하비, 제 스윙은 처음부터 당신이 만들어준 것이나 마찬가지인데, 제게는 지금 이 순간까지 한 번도 어깨의 회전에 대해 말씀하신 적이 없어요. 그 이유가 뭐죠?"

캐시가 물었다.

나는 대답했다.

"캐시, 당신은 처음부터 아주 훌륭하게 자연스러운 어깨 회전을 하고 있었어. 그래서 구태여 말할 필요가 없었지."

캐시가 제패해보지 못한 주요 경기는 미주 여자 오픈이 유일할 것이다. 하지만 그럼에도 불구하고, 그녀는 PGA 명예의 전당에 올랐다. 아마 이 세상에 캐시보다 좋은 사람은 별로 없을 것이다. 그녀는 분명 훌륭한 선생이 될 것이다.

벳시 롤스

고등학교를 갓 졸업한 벳시 롤스가 텍사스 대학에 입학했을 때, 그녀는 아주 심한 스트롱 그립(훅 그립)을 하고 있었다. 그녀는 골프를 사랑하는 천부적 재능을 가진 골퍼로, 나는 점차적으로 그녀의 그립을 바꾸어가기 시작했다. 벳시는 빠른 향상을 보여 오스틴 시티 토너먼트에 이어 텍사스 주 챔피언십을 따냈다.

나는 그녀에게 좋든 나쁘든 모든 종류의 코스에서 각양각색의 사람들과 플레이하는 것을 배워야 한다고 가르쳤다. 반면 벳시도 내게 많은 것들을 가르쳐주었다. 그녀는 물리학에서 뛰어난 우등생이었다.

내가 벳시에게서 배운 것 중 하나는 훌륭한 골프 샷만으로는 토너먼트에서 우승을 할 수 없다는 사실이었다. 경기에는 골프 샷보다 중요한 것이 있는데, 그것은 바로 골퍼가 만천하의 대중들 앞에서 플레이를 하기 시작할 때라는 것이었다.

벳시는 어떤 채를 고르면 단호하게 그것이 올바른 선택이었다는 것을 믿을 만큼 자신이 있었다. 그것은 어떤 종류의 샷 — 피치나 칩 혹이나 페이드 — 을 칠까 결정한 다음에도 마찬가지였다.

그녀는 자신의 컨디션을 관리할 줄 알았고, 특히 경기 마지막 날 남들이 모두 지쳤을 때는 그것으로 말미암아 남들보다 유리한 입장에 서고는 했다. 그녀는 항상 건강하고 올바른 식생활을 통해 최상의 컨디션을 유지했다.

벳시는 관중들에게 걸어와 그 중 누구에게 '안녕하세요' 하고 인사를 한 뒤에도 돌아가 자신의 샷에 온 정신을 집중하는 능력을 가진 선수였다. 언젠가 우리들은 코치를 할 때 선수에게 압력을 가하는 게 좋은지, 아니면 그저 그가 좀 더 잘했으면 좋겠다는 생각을 하고 있다고 알려주는 것이 나은지에 대해 토론을 했는데, 나는 내가 가르쳤던 수많은 제자들의 의견 중에서 벳시의 충고를 받아들였다.

나는 벳시에게서 학생들에게 한 번의 교습에 너무 많은 것을 가르치려 해서는 안 된다는 사실을 배웠다.

어느 날, 나는 그녀에게 두세 가지를 동시에 가르치고 있었다.

그때 벳시가 말했다.

"하비, 이번 주에는 한두 가지만 가르쳐주시고, 나머지는 다음 주에 가르쳐주세요."

그것은 내게 정말 큰 교훈이 되었다. 만일 우등생에다가 천부적인 골퍼이기까지 한 벳시가 한 번에 한두 가지 이상에 정신을 집중할 수가 없다면 다른 보통의 학생들은 어떠했겠는가?

벳시가 가르쳐준 '한 번에 한 가지씩'이라는 것은 내 교습의 주춧돌이 되었다.

벳시는 흔들리는 적이 거의 없었지만, 샷이 흔들릴 때면 항상 오른쪽으로 치는 푸시 샷이 나오고는 했다. 하지만 우리는 항상 그것을 교정할 수 있었다.

벳시는 미국 여자 오픈을 네 번이나 제패했고, 명예의 전당에 이름이 올랐다.

이제 그녀의 이름을 딴 여자 대학부 경기가 매년 전국적으로 수많은 선수들이 운집한 가운데 오스틴에서 열리고 있다.

그녀는 이상적인 학생이었다. 그녀는 풍부한 상식과 더불어 드라이브든 퍼트든 중요한 샷을 곡 성공시키는 강한 의지력을 가진 훌륭한 선수였다.

미키 라이트

미키 라이트가 나를 찾아왔을 때, 그녀는 벌써 훌륭한 선수였다. 미키는 이미 프로에 입문해 있었지만 성적만은 그다지 좋지 않았다. 나는 그녀의 스윙에 감히 손을 댈 용기가 나지 않았다. 너무 훌륭했기 때문이었다. 그녀는 캘리포니아 주에서 알렉스 모리슨의 스타일을 배운 것이었다.

미키는 단 한 개의 샷이라도 실수를 해서는 안 된다고 생각하고 있었다. 나는 그녀에게 우리들은 모두 인간이기에 완벽할 수가 없으니 너무 자신에게 혹독하게 굴어서는 안 된다는 사실을 깨우쳐주려고 하였다. 그녀가 가장 좋아하던 소일거리는 포트워스로 놀러가 벤 호건이 연습하는 모습을 지켜보는 것이었다. 그녀는 호건에게 그렇게 해도 되겠느냐고 물었다. 그의 대답은 '당신이 조용히 지켜보기만 한다면 괜찮아요'였다.

그녀는 미국 여자 오픈을 세 번이나 제패하고 명예의 전당에 올랐다. 분명 미키는 역사상 가장 위대했던 여자 선수일 것이다.

스윙 때, 미키의 왼쪽 발꿈치는 다른 대부분의 훌륭한 스윙을 하는 선수들과는 조금 달랐다. 그녀는 알렉스 모리슨처럼 왼발 안쪽에 체중을 싣고 회전을 했다.

미키는 '손이 활발한' 선수였는데, 그것은 내가 제일 좋아하는 타입이었다.

채찍을 휘갈기듯 채를 휘둘러 공을 치는, 손이 활발한 선수들을 보기란 더 이상 쉽지 않다. 남자들 중에는 돈 제뉴어리, 레이 맨그럼과 치 치 로드리게스가 내가 보아왔던 중 가장 활발한 손을 가진 선수들이었다. 여자 선수들 중에는 미키 라이트가 최고였고, 캐시 위트워스가 두 번째였다.

나는 손이 활발한 골퍼들이 트럼프 카드를 돌릴 때 그들의 손가락이 현란하게 움직이는 모습을 보는 것을 좋아한다.

어떤 사람은 베이브 디드릭슨 자하리아스가 역사상 가장 뛰어났던 여성 골퍼라는 말을 하지만 그래도 나는 내기를 한다면 미키 쪽에 돈을 걸겠다. 미키는 모든 샷에 능통했다. 그녀는 강풍이 부는 까다로운 코스에서도 62타를 칠 수 있었다.

미키와 그녀의 아름다운 스윙을 기억하는 것만으로도 나는 전율을 느낀다.

몇 년 전, 미키와 캐시는 한 팀으로 오스틴에서 열리는 레전드 오브 골프(Legends of golf, 왕년의 골프 스타 – 역자 주) 시니어 토너먼트에서 남성들을 상대로 경기를 한 적이 있었다. 그들은 관중들의 인기를 독차지했지만 남자 프로들이 그런 성 대결을 싫어했는지 그 후로는 다시 초청받지 못했다.

내가 미키의 스윙을 처음 보았을 때, 나는 그녀에게 물었다. "그런 멋진 폴로스루는 어떻게 배웠소?"

그녀는 가방에서 고무줄이 들어간 탄력 밴드 하나를 꺼내더니 자신이 어떻게 그것을 양 팔꿈치에 걸어 팔꿈치들을 모은 상태로 연습을 했는지를 보여주었다.

그런 탄력 밴드를 이용한 연습법이 있다는 것을 내게 처음 알게 해준 사람은 1920년대 말에서 1930년대 초까지 장타로 이름을 날렸던 영국 출신의 에이브 미첼이었다.

이것은 아주 훌륭한 연습 보조기구이다. 만일 여러분이 콜로라도 주 브로드무어에 가서 내가 가르쳤던 가장 뛰어난 학생 중의 하나로 지금은 그 자신이 너무도 훌륭한 선생인 매리 리너 포크에게서 교습을 받는다면, 그녀는 분명 여러분의 양 팔꿈치에 탄력 밴드를 걸 것이다.

여러분은 아마도 미키 라이트처럼 스윙을 할 수 있게 해주는 것이라면 무엇이든 사고 싶을 것이다.

주디 킴볼

주디 킴볼 사이먼은 아직도 그 먼 네브래스카 주 노스 플라트에서부터 자가용 비행기로 우리를 찾아와주는, 내가 가장 좋아하는 제자 중의 하나이다.

그녀는 수많은 경기에서 우승을 차지했는데, 라스베이거스에서 개최되었던 LPGA도 그 중의 하나였다. 주디는 내가 가르쳤던 여제자들 중 가장 퍼팅을 잘하는 선수였다. 몇 년 동안 주디는 LPGA 18홀 라운드에서 가장 적은 퍼팅을 한 기록을 보유하고 있었는데, 그것은 놀랍게도 19개였다.

나는 주디가 톰 카이트와 함께 퍼팅 그린에서 종일 퍼팅 연습을 하는 광경을 자주 봐왔다.

한번은 벤 크렌쇼가 네브래스카 주에 있는 골프장 부지를 답사하기 위해 비행기가 필요했던 일이 있었다. 벤은 누군가가 건네주었던 번호로 전화를 걸어 용건을 설명했다.

"어쩜, 벤."

어떤 여자 목소리가 말했다.

"당신은 아주 제대로 전화를 거셨군요. 저는 당신이 여덟 살이었을 때부터 당신을 알고 있었어요."

그 사람은 바로 주디 킴볼 – 지금은 출가해 사이먼이란 남편 성을 사용하는 – 이었다.

베이브 디드릭슨 자하리아스

나는 베이브가 프로 선수가 되어 처음 가졌던 시범경기에서 그녀와 함께 플레이를 한 적이 있다. 그녀와 라이더컵 우승자였던 프로 알 스피노자가 한 팀이었고, 클럽 멤버로 아주 예쁜 스윙을 하던 볼라 메이 오덤 부인과 내가 한 팀이 되어 경기를 벌인 것이었다.

베이브는 특유의 재치와 관중들을 즐겁게 해주는 호쾌한 드라이버 장타로 평소와 다름없이 관중들의 마음을 사로잡았다. 나는 아직도 그녀가 세 번째 홀에서 쳤던 샷을 기억하고 있다. 그것은 반쯤 토핑이 되었던 7번 아이언 샷으로 친 것인데 공이 그린 위에 떨어지기는 했지만 미끄러져 그린 뒤편으로 넘어가버렸던 것이었다.

"이런~~ 그린이 공을 잘 붙잡아주질 않네요. 안 그래요,

하비?"

그녀가 묻자 관중들은 모두 폭소를 터뜨렸다.

당시 관중 중에는 대법원 판사가 관람하고 있었는데, 베이브는 샷을 한 다음 몸을 돌려 '판사님, 이건 어때요?' 하고 묻고는 했다.

베이브가 가는 곳에는 항상 수많은 관중이 모였다. 나는 그녀를 정말 좋아했다. 그녀는 다른 사람들에게 '이번 토너먼트에서 꼭 우승을 할 거야'라고 말하고, 실제 그 말을 지켰다.

그녀는 로라 데이비스라는 영국 출신 선수가 나오기 전까지는 역사상 가장 긴 티 샷을 하는 여자 선수였다. 하지만 베이브는 자기가 친 드라이브가 어디로 갈지 항상 알고 있는 것은 아니었다. 그녀는 모든 운동에서 발군의 실력을 발휘한 탁월한 운동 감각을 가진 선수로, 육상이나 농구 또는 소프트볼도 골프만큼이나 잘했다. 베이브는 아마도 이 세상에 존재했던 최고의 여자 운동선수이며, 단지 미키 라이트에게만 선두의 자리를 내줄 역사상 두 번째로 뛰어났던 여성 골퍼일 것이다.

비극적이게도 베이브가 암으로 젊은 나이에 요절했을 때, 나는 프로 레슬러로서의 경력을 포기하고 베이브의 매니저가 되었던 그녀의 남편 조지를 방문한 적이 있다. 조지와 베이브는 서로를 아주 깊게 사랑하고 있었다. 우리가 베이브를 회고할 때, 조지는 슬픔을 가누지 못해 시종 눈물을 흘렸다. 베이브는 자신의 성공을 내 덕택으로 돌리고는 했지만, 사실 나는 그런 감사를 받을 자격이 없었다. 그녀는 진정 자수성가한 선수였다.

샌드러 파머, 베티 힉스, 베티 도드 그리고…

샌드러 파머는 벳시 롤스의 충고로 포트워스에서 나를 찾아왔다. 샌드러는 햄버거 집에서 아르바이트를 하던 캐디 아가씨였다. 그녀는 글렌 가든 클럽의 멤버였던 한 자상한 부부에게 입양되었는데, 그 이후로 훌륭한 플레이어가 되었다.

샌드러는 항상 인기가 있었으며, 아주 훌륭한 성격을 가지고 있었다. 그녀는 북 텍사스 주립대학에서 치어걸로 활약했으며, 홈 커밍 파티에서는 여왕으로 뽑히기도 했다. 벳시가 샌드러를 내게 보냈을 때, 그녀는 스물세 살의 나이로 포트워스에서 교편을 잡고 있었다. 샌드러는 그 후 1년간 눈이 오나 비가 오나 주말마다 오스틴을 찾아와 나와 헬런과 지내며 지도를 받았다.

처음에 그녀의 백스윙은 너무도 빨라 백스윙의 정점에서 채를 놓치지나 않을까 걱정이 될 정도였다. 어떤 선생들은 학생들에게 왼손의 네 번째, 다섯 번째 손가락으로 채를 꽉 붙들도록 한다. 나 역시 그것이 비거리를 너무 줄어들게 한 다는 생각을 하기 전까지 그렇게 하도록 가르쳤다. 샌드러로 하여금 그립에서 힘을 빼고 백스윙을 더 천천히 하도록 만드는 것은 힘든 일이었지만 우리는 결국 그것을 해냈다.

1976년, 미국 여자 오픈 플레이오프에서 조앤 카너와 맞닥뜨린 샌드러는 첫 티에서 그녀에게 말했다.

"빅 마마(Big mama), 이번에는 제가 이기고 말 거예요."

"글쎄, 그렇게 되진 않을걸. 리틀 슈림프(Little shrimp, 작은 새우 - 역자 주) 양."

카너가 말했다. 그 날의 승리는 결국 카너에게 돌아갔고, 그 이후로 그들이 서로 불렀던 별명은 그들을 따라다니게 되었다.

샌드러는 내 아내 헬런과 둘도 없는 친구이자 내게도 좋은 친구이다. 나는 TV에서 그녀가 벙커 샷을 홀인시켜 '디나 쇼어 토너먼트'의 우승을 따내는 광경을 보고 정말 대단히 놀랐다. 샌드러는 여자 프로 경기의 발전에 커다란 공헌을 했다. 모두가 그녀를 진정으로 사랑한다.

작고 귀여운 몬태나 주 출신의 '꼬맹이' 앨리스 리츠먼은 덴버의 체리 힐스에 몸담고 있던 프로 워런 스미스의 권유로 내게 온 적이 있다. 그녀는 우리 골프숍에서 틴슬리를 도와 일을 했다. 나는 그녀의 그립을 텐 핑거로 바꾸는 것을 위시하여 비거리를 더 낼 수 있을 만한 것들은 모두 시도해

보았다. 그 결과 그녀는 프로에 입문하게 되었다.

신디 피그 커리어는 내가 좋아하는 또 하나의 학생이다. 그녀는 아주 훌륭한 쇼트 게임을 체득했으며, 나는 그녀가 장래 훌륭한 선수가 될 것을 믿어 의심치 않는다.

내가 가르쳤던 학생 중 가장 뛰어났고 가장 좋은 사람을 들라면 브로드무어에서 골프 선생을 하는 매리 리너 포크를 꼽을 수 있을 것이다. 175야드에서 매리 리너 포크는 프로 투어에 있는 어떠한 여자 선수보다도 정확한 샷을 할 수 있었다. 나는 그 정도 되는 거리에서는 5번 우드를 잡으라고 가르쳤는데, 그녀는 그 채로 다른 선수들이 4번 아이언으로 하는 것보다 공을 홀 컵에 훨씬 가까이 붙일 수 있었다.

베티 도드는 교습을 받으러 내게 자주 찾아왔다. 그녀의 부친은 샌안토니오에 있는 샘 휴스턴 기지에서 근무하는 육군 대령이었다. 어느 날, 그 대령은 내가 베티와 함께 연습 티에서 연습을 하는 광경을 지켜보고 있었다.

나는 그녀에게 물었다.

"당신은 어떻게 되고 싶어요? '스윙이 예쁜 베티 도드'가 되고 싶소, 아니면 '장타의 빨간 머리'가 되고 싶소?"

"그건 제가 대답하겠습니다."

옆에 서 있던 그녀의 아버지, 대령이 끼어들며 말했다.

"저 애는 '장타의 빨간 머리'가 되고 싶을 거예요."

베티 도드는 베이브와 아주 친했다. 둘은 함께 어울려 음

악을 연주하며 노래를 부르고는 했다.

베티 힉스를 내게 보낸 사람은 벳시 롤스였다. 그때 베티는 벌써 미국 아마추어 대회를 제패했던 훌륭한 선수였다. 베티는 길고 느슨한 스윙으로 백스윙의 정점에서 컨트롤을 잃는 경우가 종종 있었는데, 컨트롤을 잃을 때면 그녀는 황당한 훅을 치고는 했다.

나는 우스갯소리로 베티에게 꼭 늙은 암소가 꼬리를 휘젓는 것처럼 스윙을 한다고 말한 적이 있다. 그녀의 마음을 상하게 하려던 것은 아니었는데 그녀는, 농담이었기를 바라지만 나를 결코 용서하지 않겠다고 했다.

나는 어느 날 필드 교습의 여덟 번째 홀에서 베티가 황당한 훅을 치고 분개해하기 전까지는 그녀의 훅이 완전히 치유되었다고 생각했다. 그녀의 화가 가라앉기 전에 쳤던 다운 샷 역시 황당한 훅이었다.

"언제부터 그렇게 화를 내기 시작했지요?"

내가 물었다.

"항상요."

그녀가 말했다.

베티는 캘리포니아 주에서 성장하며 어린 시절 잭슨 브래들리와 플레이를 했다. 프로에서 은퇴한 뒤, 그녀는 산 호스에서 골프 팀을 가르치며 동시에 사람들에게 비행 교습을 하고 있다.

베티는 매우 총명한 사람이다. 그녀는 내가 읽어본 책 중에서 골프에 대해 가장 훌륭한 글을 써내는 사람이다.

내가 가장 아끼는 소지품의 하나는 '하비의 여제자들로부터'라는 문구가 새겨진 손목시계이다. 그것은 벳시 롤스, 미키 라이트와 지금 휴스턴에서 레슨 프로로 명성을 떨치고 있는 벳시 컬린에게서 받은 것이다.

그리고 내가 만났던 남자들

벤 호건

벤 호건과 함께 오스틴에서 벌어졌던 한 자선경기에서 플레이를 하던 나는 그가 캐디에게 이렇게 묻는 것을 듣게 되었다.

"정서(正西)가 어느 쪽이지?"

벤 호건이 캐디에게 질문을 한다는 것은 정말 의외의 일이었다. 벤은 자신이 어떠한 캐디보다도 골프에 대해 잘 안다고 생각하고 있었다. 벤은 자신이 직접 거리를 가늠했고, 채를 백에서 꺼내는 것마저도 자기의 손으로 할 정도였으니 말이다.

나는 그날 내내 왜 벤이 그런 질문을 했을까 궁금한 마음을 떨칠 수가 없었다. 라운드가 끝나고 나는 그 일에 대해 물었다.

"다른 데가 다 평평하다면 그린은 서쪽으로 브레이크가 걸리기 마련이거든요."

벤이 말했다.

물론 그의 말은 옳은 것이었다. 나는 나중에야 거기에 여러 가지 원인이 있다는 것을 알게 되었는데, 골프장을 만든 사람이 일부러 플레이어들을 어리둥절하게 하려고 트릭을 부리지 않은 이상 퍼트는 서쪽으로 휘게 마련인 것이다.

젊었을 때, 벤은 아주 끔찍한 풀 훅을 치고는 했다. 그는 오른손의 브이(V)자 홈이 턱을 가리키는 좋은 그립을 함으로써 혼자의 힘으로 난제를 극복해냈다.

회내전(손등이 밖을 향하도록 전박을 회전시키는 것 - 역자 주)이 그가 말하던 비법이었다. 임팩트 존에 들어오면 그의 왼쪽 전박 또는 왼팔 전체는 회내전으로 모였던 상태에서 원래 상태로 풀리는 것이었다. 이것은 그에게 공의 인사이드로 들어가게 해주며, 동시에 스냅(snap)을 제공했다.

벤은 스윙을 완벽하게 다듬기 위해 수천 시간의 피나는 연습을 했다. 처음에 그는 자신의 스윙이 너무 길다고 생각했다. 그래서 그는 오늘날 벤 호건 스탠스라고 이름이 붙여질 만큼 유명해진 - 오른발이 목표선에 스퀘어하게 놓이고, 왼쪽 엄지발가락을 몇 인치쯤 밖을 향해 돌린 - 스탠스로 바꿈으로써 자신의 스윙을 조금 짧게 만든 것이다. 발을 이렇게 놓으면 스윙이 짧아지는 것은 내가 이미 전에도 말한 적이 있는 사실이다.

나는 컨트롤만 제대로 된다면 긴 스윙을 더 좋아하는데, 벤은 그렇게 하는 법을 스스로 체득했다.

후에 지미 디마렛과 벤 호건은 친한 친구가 되었다. 지미는 첫 번째 레전드 오브 골프 시니어 토너먼트 직전에 벤에게 전화를 걸어 파트너가 되어달라고 부탁한 적이 있었다.

그때 벤은, 자신은 필드에 자주 나가지도 않을 뿐더러 공이 제대로 맞아주지도 않는다고 대답했다.

"자, 자, 빼지 말고, 우리 옛날처럼 한번 재미있게 즐겨보자구."

지미가 말했다.

"아냐, 난 자네한테 도움이 될 수가 없어."

벤이 말했다.

그러자 지미가 대꾸했다.

"그게 어쨌단 말인가? 자넨 한 번도 내게 도움이 되어본 적이 없잖아?"

바이런 넬슨

오랜 세월에 걸쳐 바이런 넬슨은 내게 많은 학생들을 보내주었다.

바이런은 독학으로 자수성가한 대선수로, 텍사스 주에서 가장 존경받는 아마추어 선수 중의 하나인 텍사캐나의 J.K. 와들리라는 분에게 많은 도움을 받았다. 와들리는 골프를 진정으로 사랑하는 대부호로서, 바이런의 재능을 발견하고 텍사캐나 컨트리 클럽이 미국에서 제일 좋은 코스로 열 손가락 안에 꼽힐 때 바이런이 거기에서 돈 머피와 함께 일할 수 있도록 좋은 직장을 마련해주었다.

모두 텍사스 주 출신인 바이런 넬슨, 벤 호건과 지미 디마렛이 미국을 주름잡는 선수들이던 시절에 나는 텍사스 프로골프협회의 회장으로 있었다. 나는 그들의 스윙을 연구해보았다.

넬슨, 호건과 디마렛은 원하기만 한다면 지미 톰슨이나 다른 어떠한 장타자들만큼 긴 드라이브를 칠 수 있었다. 하지만 그들은 무리한 욕심을 부리지 않고 항상 자제를 할 줄 아는 현명함을 보였다.

바이런은 백스윙의 정점에서 손목을 코킹하지 않는 것이 오히려 자신에게 도움이 된다는 사실을 알게 되었다. 그는 그것을 '회내전을 안 하는 것'이라고 불렀다. 바이런은 자신이 스틸 샤프트로 플레이하기 시작하던 1930년부터 클럽페이스를 열거나 채를 롤링해 열지 않고 스퀘어하게 곧장 뒤로 빼는 백스윙을 시작하게 되었다. 바이런은 자신이 회내전을 그만두면서부터 손의 롤링 없이 발과 다리를 이용해 풀 스윙을 하는 법을 알게 되었다고 말했다.

바이런의 체중 이동과 다운 스윙 초기의 측방 이동(다운 스윙을 할 때 체중이 왼발에 실리며 몸이 앞으로 나아가는 것 – 역자 주)은 아주 절묘했는데, 나는 그것이 그로 하여금 1달러짜리 지폐처럼 생긴 얄팍한 디보트를 떼게 하는 데 일조를 했다고 생각한다. 그는 깨끗한 디보트를 떼는 드문 선수 중의 하나였다. 그는 회내전을 하지 않는 것이 그의 클럽페이스를 더 오랫동안 목표선 위로 똑바로 지나갈 수 있도록 해준다고 생각한 것이다.

나는 바이런이 지속적으로 내게 학생들을 보내주는 것을 항상 자랑스럽게 여겨왔다. 바이런은 자신이 골칫덩어리들을 떠넘기고 있다는 것을 내가 모르고 있으리라고 생각했지만, 나는 바이런의 그런 도전을 오히려 무한한 영광으로 받아들였다.

지미 디마렛

지미 디마렛은 프로 투어에서 굵직한 대회를 제패했던 다른 어떤 선수들보다도 다양한 종류의 훌륭한 샷을 칠 수 있었던 선수였다. 지미처럼 – 낮은 공, 높은 공, 훅, 슬라이스 – 원하는 대로 다양한 샷을 구사할 수 있었던 사람은 묘기구(妙技球)의 대가인 조 커크우드 정도 이외에는 없었을 것이다.

지미는 거인처럼 우람한 전박을 가지고 있었는데, 그는 지면 2, 3피트 위로 내리깔리며 총알처럼 날아가는, 그 자신이 '메추라기 샷'이라고 부르는 샷을 할 수 있었다.

젊었을 때, 나는 말단 프로로서 모든 멤버의 백을 섭렵하며 아이언에 녹이 슬지 않도록 완충액으로 채들을 닦은 덕택에 손힘과 팔힘이 굉장히 셌다. 하지만 내 힘은 디마렛 근처에도 가지 못했다.

비가 흩뿌리는 으슬으슬한 겨울날이나 강풍이 부는 날이면 디마렛은 어떠한 상대라도 이겨냈다. 그것은 디마렛이 젊었을 때, 갤비스턴 아일랜드의 오팻스 베이유에서 비바람 속에서 플레이하는 법을 배웠기 때문이다.

젊었을 때, 지미는 다른 어떠한 선수와 비교해도 손색이 없는 훌륭한 스윙을 했다. 후에 그의 스윙은 좀 짧아지기는 했어도 여전히 멋있었다. 그는 내 교습 방법에 아주 좋은 영향을 미쳤다. 하루는 지미가 지나가는 말처럼 말했다.

"난 저렇게 스윙 내내 팔꿈치를 몸 앞에 두는 녀석들이 좋아."

그 이후 그것은 내가 교습에서 강조하는 가장 기본적인 것이 되었다.

디마렛과 윌터 하겐은 프로 골퍼들의 수준을, 그들 자신이 처음 입문할 때보다 훨씬 더 높은 수준으로 향상시키는

데 큰 공헌을 했다.

지미는 사람들, 그 중 특히 자기 친구 벤 호건같이 유난히도 심각한 사람들과 농담을 하는 것을 좋아했다. 어느 날 그들은 함께 플레이를 하고 있었는데 그때는 마침 벤이, 스윙을 올바른 플레인(plane)에서 하기 위해서는 마치 턱에서 공까지 커다란 유리 한 장이 비스듬히 놓여 있는 것처럼 스윙을 해야 한다는 내용의 글을 기고한 직후였다.

벤이 어쩌다 좋지 않은 샷을 치자, 지미가 입을 열었다.

"벤, 자네 그 유리 깨지는 소리 들었나?"

지미는 골프 코스에 나설 때면 언제나 신선한 모습을 하고서는 느긋하고 태평하게 굴었다. 하지만 겉모습만 보고지미를 속단하는 것은 금물이었다. 그는 마음속으로는 꼭이겨야겠다는 신념으로 항상 무장하고 있었으니까 말이다.

보비 존스

보비 존스는 내가 프로 토너먼트에서 본 것 중 가장 훌륭한 골프 샷을 했던 선수이다. 나는 이스트 레이크에서 열렸던 서던 오픈(미국 남부 오픈 - 역자 주)에 참가하여 존스의 150야드 뒤에서 플레이를 하고 있었기에 똑똑히 볼 수가 있었다.

일곱 번째 홀에는 그린 오른편으로 커다란 협곡이 있었

는데, 그곳에는 바닥이 잔디로 덮인 움푹한 웅덩이가 있었다. 그 날은 날씨가 아주 고약했는데, 갑자기 구슬만한 우박이 쏟아지기 시작했다. 잔디 웅덩이에 빠졌던 존스는 피칭으로 간신히 협곡 턱 위로 공을 올려놓았는데, 우박이 어찌나 많이 쌓였던지 어떤 것이 공이고 어떤 것이 우박인지 분간이 가지 않을 정도였다. 거기에서 그는 우박들 사이로 치핑을 해 홀 컵에 바로 공을 집어넣음으로써 파를 기록했다.

존스는 꼭 필요한 것이면 무엇이든 해내고 마는 천부적인 승부사였다. 잭 버크 시니어는 언젠가 토너먼트에서 우승을 하려면 신의 가호가 있어야 한다고 말한 적이 있다. 하지만 존스에게는 이런 행운이 자주 따랐다.

보비는 골프를 많이 치는 선수는 아니었다. 무더운 여름이면 아예 채를 치워두었다가 굵직한 경기가 있을 때나 꺼내 연습을 하고는 했는데, 그럼에도 불구하고 우승을 하는 것이었다. 대학시절에는 골프를 거의 치지도 않았다.

나는 항상 역사상 최고의 골프 선생은 이스트 레이크의 스튜어트 메이든일 것이라고 말하고는 했다. 그가 바로 존스와 글레나 콜레트 베어를 가르친 사람이다.

스튜어트는 보비에게 단 한 번도 정식 교습을 해준 적이 없었다. 그저 존스가 연습장에서 연습하는 것을 지켜보다가 '이보게, 공은 백스윙으로 치는 게 아니라네.' 정도의 말만 해주었을 따름이다.

보비와 그의 부친은 둘 다 아주 성미가 급한 것으로 유명했다. 하루는 둘이 플레이를 하고 있었는데 배드 샷이 나오자 격분한 그의 부친은 채로 땅바닥을 후려갈겼다. 평정을 되찾은 그의 부친은 멋진 연습 스윙을 해보이며 말했다.

"내 스윙이 도대체 뭐가 잘못되었단 말이야?"

"잘못된 데는 없어요."

보비가 말했다.

"하지만 연습 스윙만 그렇게 하실 게 아니라 가끔은 공도 그렇게 쳐보세요."

보비의 유명한 퍼터 '칼라미티 제인(미국 개척시대에 용맹을 떨친 여자 명사수 – 역자 주)'은 그가 수없이 부러뜨려버리는 바람에 샤프트가 테이프와 접착제투성이였다. 칼라미티 제인은 당시의 부드러운 그린에 적합하도록 2번 아이언의 로프트를 가지고 있었다. 그의 퍼팅 스트로크는 벤 크렌쇼의 스트로크처럼 길고 스무드했다. 하지만 보비는 백스트로크 때 롤링으로 퍼터 블레이드를 열었다가 스트로크 도중에 닫는 버릇이 있었다.

보비는 꽤 여러 편의 단편 필름을 찍은 적이 있는 까닭에 그의 스윙은 비디오로 보존되어 다양한 수준의 골퍼들에게 연구 대상이 되기도 했다.

그는 긴 샷을 할 때에도 발을 아주 가깝게 모은 상태에서 플레이를 했다. 이렇게 하면 몸통의 회전은 쉬워지지만 바람이 심하게 부는 날이면 대부분의 플레이어들은 균형을 잃게 된다. 하지만 존스는 단 한 번도 균형을 잃은 적이 없었다. 그는 느슨한 그립을 했는데, 그것에 대해서 그는 '그렇게 하는 것이 스윙에 스냅을 넣는 데 도움이 된다'고 말하곤 했다.

존스는 길고 스무드한 스윙을 했는데, 백스윙의 정점에서 채가 그리는 자그마한 타원은 채가 공의 인사이드로 내려가도록 하는 데 기여를 했다. 임팩트 때 그는 발가락 끝으로 서고는 했지만 완벽한 균형을 유지해 단 한 번도 몸을 흐트러뜨린 적이 없었다. 팔꿈치가 몸 앞에서 앞으로 쭉 뻗어나가는 그의 폴로스루는 그야말로 교과서에 실릴 만한 멋진 것이었다.

'스윙이란 건 그저 몸을 뒤로 돌렸다가 스루 때 몸을 반대 방향으로 돌리는 것일 뿐이랍니다.'

그가 말했다. 그는 골프가 무척 쉬운 것처럼 보이게 했다.

사람들은 가끔 보비 존스의 '느긋한' 스윙에 대해 이야기를 한다. 하지만 임팩트 때 찍은 그의 사진을 한번 보면 여러분은 강력한 노력과 정신 집중으로 일그러진 그의 표정을 읽을 수 있을 것이다.

샘 스니드

샘은 낮게 깔리는 총알 같은 샷으로 유명하다. 투포환이든, 장난감 총이든, 대포든 최대의 거리를 얻고자 한다면 여러분들은 약45도 각도로 탄도(彈道)를 잡으려 할 것이다. 사실, 그것이 우리들 대부분이 하고자 하는 것이다.

하지만 샘은 총알처럼 직선으로 뻗어나가는 샷을 하기 위해 공을 칠 때 약간 다운스윙에 걸리도록 내려찍었다. 이런 이유로 그는 티 샷을 할 때 브래시(2번 페어웨이 우드 - 역자 주)의 로프트를 가진 드라이버를 사용했다.

사람들은 어드레스 때 샘이 늘 목표의 오른편을 조준하는 것처럼 보인다고 말하고는 했다.

언젠가 마스터스 대회에서 있었던 일이다. 같이 라운드를 하던 어떤 선수가 샘에게 말했다.

"샘, 자네는 내 캐디를 조준하고 있네."

"아냐, 난 내 캐디를 조준하고 있어."

샘이 말했다.

샘의 말대로 그의 조준은 완벽한 것이었다. 그는 항상 약간 오른쪽을 조준해 훅을 친다.

다렐 로열과 플레이를 할 때의 일이다. 나는 샘의 스타일대로 공을 쳐보려고 애를 쓰고 있었다. 하지만 다렐은 너무 오른쪽으로 조준하는 것 같다고 말했다. 다렐은 풀(full)이 날 것으로 생각하고 한사코 내가 주장하는 말을 받아들이지 않는 것이었다.

그런데 공교롭게도 제1회 레전드 오브 골프 토너먼트 직전에 열렸던 프로-아마추어 경기에서 다렐은 샘과 한 팀이 되었다. 경기가 끝난 뒤 다렐이 나를 찾아와 말했다.

"사과 드리고 싶어요. 사실 전 샘이 정말 오른쪽을 조준하리라고는 생각하지 못했어요. 하지만 오늘 하루 종일 그 친구 뒤에 서서 보았더니 정말 그렇더군요."

샘은 놀랄 만큼 민첩한 사람이었다. 그는 양발을 지면에 붙인 평상시의 자세에서 펄쩍 뛰어올라 천장을 찰 수 있을 정도였다.

지미 톰슨은 바람이 없는 날이나 뒤에서 바람이 불 때는 언제든지 자신이 샘보다 드라이버를 더 멀리 친다고 내게 말하곤 했다. 하지만 앞에서 바람이 불 때면 매번 샘이 더 멀리 나간다고 했다.

내게 선생의 길을 가도록 해준 선수가 바로 샘이다. 그래서 나는 항상 그의 열광적인 팬일 수밖에 없는 것이다.

랄프 걸달

1930년대 중반에 댈러스 시더 크레스트의 랄프 걸달은 약 3년 동안 아마도 세계 최고의 플레이어 자리를 고수하고 있었을 것이다. 하지만 그는 정상에 그리 오래 머무르지도 않았고, 또 특별히 매력적으로 비칠 만한 구석도 없어 대중들의 인기를 얻지 못했다.

서부 오픈이 중요한 경기 중의 하나로 간주되던 시절, 랄프는 3년 동안 세 번의 서부 오픈과 두 번의 US 오픈을 제패했다.

아마추어 시절 그는 워커 컵을 제패했고, 프로 입문 초기에는 또 한 번의 US 오픈에서 우승을 차지할 뻔하다가 마지막 18번 홀에서 다섯 타를 치는 바람에 한 타 차이로 조니 굿맨에게 진 적이 있다.

랄프의 스윙은 짧고 탄탄했으며, 그의 샷은 항상 놀랄 만큼 똑바르게 나갔다. 무슨 이유에서인지 그 자신이나 그의 플레이 스타일은 대중들의 인기를 얻은 적이 없었다. 어쩌면 그것은 그의 성격과 스타일이 조용하고 보수적이었기 때문인지도 모른다. 랄프는 친구를 그다지 많이 사귀는 편이 아니었다. 그래서인지 그는 나와도 그리 친한 편이 아니었다.

여러 해 뒤, 랄프는 자신이 젊었을 때 모델로 삼았던 인물이 바로 나였다는 말을 해주었다.

세인트 루이스에서 수석 프로로서 좋은 직장을 얻은 뒤 랄프의 골프는 점차 퇴보하기 시작했다. 그리고 그런 뒤 그와 그의 아내는 열렬한 경마광이 되었다.

잭 니클라우스

나는 잭 니클라우스에게만큼은 어떠한 도움도 준 적이

없다. 그는 골프 역사상 가장 위대한 선수이다. 그래서 나는 항상 그를 면밀히 지켜보았다. 골프를 좀 아는 사람이라면 누구라도 니클라우스가 그렇게 오른쪽 팔꿈치를 들어 플라잉 엘보를 하다가는 절대 훌륭한 플레이를 할 수가 없을 것이라고 말했을 것이다. 하지만 그는 다운스윙을 시작할 때 팔꿈치를 몸에 가져다 붙인다. 사람들은 또 그렇게 왼쪽 발꿈치를 처들어서도 제대로 플레이를 할 수가 없을 것이라고 말했지만, 그들의 생각은 그릇된 것이었다. 나는 니클라우스가 보비 존스 이상으로 발꿈치를 처드는 것은 아니라고 생각한다.

발꿈치를 드는 것은 충분한 몸통 회전과 백스윙의 정점에서 편안한 자세를 갖도록 해준다.

니클라우스는 골프 역사상 가장 위대한 선수였는데, 당시의 모든 프로 초년생들과 마찬가지로 PGA 학교에 들어와 나와 바이런 넬슨에게서 교습을 받아야만 했다. 바이런과 나는 학교에 들어왔던 50명의 학생 중 잭 니클라우스가 가장 뛰어나다고 생각했다. 그만큼 잭은 골프 이외의 어떤 분야에서도 전혀 약점이란 것이 없었다.

그는 아마도 그 자신의 독특한 스윙 스타일을 평생토록 지속할 것이다.

톰 카이트

어렸을 때부터 톰은 연습벌레였고 꼼꼼한 성격을 가진 완벽주의자였다. 하루는 그가 내게 자신의 아이언 샷들을 한번 봐달라고 부탁을 해왔다. 내가 보기에 그 샷들은 거의 완벽에 가까웠다.

"글쎄, 괜찮아 보이는데 무슨 문제라도 있나?"

내가 물었다.

"내가 원하는 것보다 1피트 정도 높게 뜨는 것 같아요."

토미의 대답이었다.

또 한 번은 플레이하는 도중에 생긴 일이었는데, 토미는 7번 아이언으로 홀 컵에 4피트 정도 못 미치는 샷을 했다. 그는 얼굴을 찡그렸다.

"이번에 또 뭐가 마음에 안 들지?"

내가 물었다.

"제가 바람이나 그린의 습기를 오판했던 것 같아요."

톰이 말했다.

나는 톰에게 연습과 함께 즐길 수 있는 게임을 마련해주고는 했다. 나는 그에게 연습장 한구석에 놓인 커다란 상자를 목표로 해서 한 번은 드로우로, 다음번에는 페이드로 공을 그 상자 안에 넣어보라고 했다.

리버사이드 드라이브에 있던 구(舊) 코스의 연습장은 첫 티로 나가는 카트 길 바로 옆에 위치하고 있었는데, 나는 가끔 그 길을 내려오는 골퍼들을 불러 세워 이렇게 말하고는 했다.

"헤이, 토미, 이것 좀 봐. 페이드로 공을 그 상자에 넣어 봐."

그에게 이런 식으로 부담 없이 말하면 그는 거의 언제나 정확히 목표를 맞혔다.

연습만 많이 하고 필드에 자주 나가지 않는 아이들은 스코어를 제대로 내는 방법을 배우지 못한다. 나는 토미가 적어도 필요한 만큼은 연습장을 떠나 코스에 나가 플레이를 하도록 만들었다. 견실하고 탄탄한 스윙과 훌륭한 쇼트 게임으로 토미는 금방 골프의 진짜 비밀 – 즉 최소의 타수로 공을 홀 컵에 넣는 것 – 을 터득했다. 그는 스코어를 관리하는 데 천부적인 재능이 있었다.

한번은 어떤 NCAA 토너먼트에서 텍사스 대학이 선두와 7타 차이가 벌어진 상태로 경기의 마지막 날을 맞았을 때였다. 토미는 처음 일곱 홀에서 6언더 파를 기록하는 기염을 토해 나머지 팀 멤버들을 고무시켰고, 그 결과 텍사스 대학은 타이틀을 거머쥐게 되었다.

나는 토미가 NCAA 개인전에서 공동 우승을 차지했을 때 무척 기분이 좋았다. 사실 나는 보통 때보다 두 배는 기뻐했는데, 그것은 토미와 공동 우승을 한 선수가 벤 크렌쇼였기 때문이었다.

내가 그들을 가르쳤던 장구한 세월 동안 나는 한 번도 토미에게 벤을 가르치는 광경을 보여준 적이 없다. 벤에게도 토미의 수업을 보여준 적이 없는 것은 마찬가지였다.

그것은 그들 중 어떤 사람에게는 해당되는 사항이 다른 이에게는 해당되지 않았기 때문이었다.

벤 크렌쇼

벤이 나를 처음 찾아왔던 것은 그가 여덟 살쯤 되었을 때였다.

우리는 그를 위해 7번 아이언을 잘라 채를 만들어주었다. 나는 그에게 좋은 그립이 어떤 것인지만 보여주고 밖으로 데리고 나갔다.

밖에는 75야드 떨어진 곳에 그린이 하나 있었는데, 나는 벤에게 티에 공을 하나 올려놓고 쳐서 그린에 올려보라고 말했다. 그러자 그는 단숨에 공을 그린에 올려놓는 것이었다. 나는 말했다.

"자, 이제 그린으로 가서 퍼팅을 해서 공을 홀에 넣어보자."

그러자 어린 벤이 묻는 것이었다.

"만일 공을 홀에 넣으실 생각이었다면 왜 애초에 그렇게 하란 말씀을 안 하셨어요?"

벤의 어머니는 피아노 연주를 아주 잘했다. 그의 비범한 터치는 그의 어머니로부터 물려받은 것인지도 모른다. 그리고 그의 부친 찰스는 아주 뛰어난 운동 신경을 가진 사람이었다.

그의 타고난 스윙은 주로 어깨를 쓴 길고 스무드한 것이었다. 나는 그에게 필드에 나가 마음껏 플레이를 하고, 어떤 도움이 필요할 때만 연습을 하도록 했다.

벤은 아주 탁월한 신경을 가졌다. 어느 날 그는 골프를 잘 치는 다른 세 명의 골퍼들과 함께 호스슈 만(灣)에 있는 아주 어려운 코스에서 플레이를 하고 있었다. 여섯 홀이 남았을 때 벤은 선두를 지키고 있었다. 그는 다른 사람들에게 나머지 홀들 전부를 왼손잡이로 치겠다고 말했다. 그는 마지막 여섯 홀을 이븐파로 마쳤다.

나는 벤이 몹시 추운 날, 남들은 코스에 나올 엄두도 내지 못할 때에도 혼자서 라운딩하는 것을 종종 본 적이 있다. 그는 고등학교 시절, 토너먼트에서 우승을 한 뒤에도 혼자 나가 또 한 번 라운딩을 하고는 했었다.

1984년 마스터스에서 우승했을 당시, 벤이 보여주었던 경기는 골프 역사에 길이 남을 명승부였다.

벤의 형 찰스는 어린 시절에 벤만큼이나 재능이 있는 골퍼였다. 하지만 다른 운동에서 스타가 된 찰스는 골프에 전념하지를 않았다. 반면 다른 운동을 그만두고 골프에만 전

넘했던 벤은 나를 몹시 기쁘게 해주었다. 찰스는 골프와 무관한 근육들이 붙게 되었는데, 그런 근육들을 극복하기란 여간 어려운 일이 아니다. 지금 40대에 접어든 찰스는 오스틴 컨트리 클럽 블루 티에서 73타를 치는데, 그것도 보통 수준은 훨씬 넘는 것이라고 할 수 있다.

나는 토미와 벤을 내 친아들만큼이나 사랑한다.

내가 좋아하는 스윙을 하는 선수들

맥도널드 스미스 이후로 내가 좋아하는 스윙을 하는 사람은 다음의 네 명이다.

1. 벤 크렌쇼

2. 미키 라이트

3. 데이브 마아

4. 알 게이버거

텍사스 대학에서 코치 생활을 할 때, 나는 내가 맡은 젊은 플레이어들에게 다른 어떤 골퍼보다도 데이브 마아의 스윙을 자주 모방해보라고 말하곤 했다.

요새 나는 더 이상 마음대로 코스를 돌아다닐 수가 없게 되어 TV에 나오는 골퍼에 관한 프로는 무엇이든 빼놓지 않고 시청을 하게 되었다. 하지만 솔직히 말해 나는 레귤러 투어보다 시니어들 게임을 시청하는 것을 더 좋아한다. 이 나이 든 선수들의 스윙은 모두가 시간의 모진 풍파를 견뎌내고 살아남은 것들이다. 젊은 선수들은 너무 힘으로만 모든 것을 밀어붙이려고 한다.

레귤러 투어의 많은 선수들은 왼쪽 발꿈치를 지면에 고정시킨 채(어떤 이들은 그들이 그렇게 하기도 하고, 때로는 그렇게 하지 않는다고 생각하는데 그것은 잔디에 가려져 똑똑히 볼 수가 없기 때문이다), 손과 팔 대신에 우람한 등의 근육들을 사용해 너무나도 세게 스윙을 하기 때문에 그들의 폴로스루도 양 팔꿈치가 몸 앞에 온 상태로 피니시되는 것이 아니라 몸을 한 바퀴 빙 돌게 된다.

요새 프로 투어에는 훌륭한 젊은 선수들이 눈에 많이 띈다. 하지만 얼마 가지 않아 다른 직종으로 전업을 하게 될 선수들도 많이 보게 된다.

남자와 여자

남자에게서 엉터리 충고를 받지 않는 한 예쁜 여자는 단 한 개의 샷도 실수할 리가 없다.

남편은 절대 아내에게 골프나 운전을 가르치려 해서는

안 된다. 그리고 아내는 남편에게 결코 브리지 게임을 하는 법을 가르치려 들어서는 안 된다.

연습 때 고려해야 할 것 한 가지

등뒤에서 바람이 불고 있을 때는 절대 풀 스윙 연습을 해서는 안 된다. 만일 당신이 오른손잡이라면 이것은 바람이 왼쪽에서 오른쪽으로 불고 있다는 뜻이다. 바람이 왼쪽에서 오른쪽으로 불 때는 연습을 하면 할수록 스윙이 목표선을 넘어가게 되어, 백스윙의 정점에서 손으로 내려치려는 경향이 생기게 된다.

벤 호건은 가장 먼저 이 사실을 깨달았던 사람이다.

벤은 코스 중 얼굴로 바람이 부는, 즉 오른쪽에서 왼쪽으로 바람이 불거나 맞바람이 부는 곳을 찾아내 연습을 하고는 했다.

맞바람 속에서 연습을 할 때는 그저 평소의 스윙을 사용하도록 한다. 더 세게 치려고 애를 쓸 필요가 없다. 그리고 '펀치(punch)' 샷을 너무 많이 연습하지 않도록 신경을 써야 한다.

'펀치' 샷에는 폴로스루가 없다.

존 브레더머스

존 브레더머스는 진정 굉장한 사람이었고, 나는 그가 내 친구였다는 사실이 매우 자랑스럽다. 나는 그를 세상 어느 누구보다도 잘 알았다. 그는 가구보다는 책이 더 많은 방에서 검소하게 살아가던 외톨이였다. 1946년 존이 아빌렌에서 심장마비로 사망했을 때, 동부에 있던 그의 가족들은 그에게 전혀 신경을 쓰지 않았다. 그는 행려병자처럼 시립 공동묘지에 갈 위기에 직면했다. 브래컨리지 파크 클럽에 프로로 있던 머리 브룩스는 텍사스 PGA 회원들에게서 모금을 해 존의 장례식 비용을 마련했다.

장례식에 왔던 사람들은 그가 혹시 짐 서프의 금메달들과 함께 묻히는지를 보기 위해 존의 관 속을 들여다보았다. 1913년부터 죽을 때까지 존은 많은 사람들에게 그저 '짐 서프의 금메달을 획득한 사람'으로밖에는 알려지지 않았다.

하지만 아무도 영영 그 금메달을 찾아내지는 못했다. 어쩌면 내가 그것들이 어떻게 되었는지를 아는 유일한 사람일지도 모른다.

만일 존의 생애를 영화로 만들었다면 여러분은 절대 그 영화가 사실이라는 것을 믿지 못할 것이다.

그는 1884년 미시간 주 플린트에서 룩셈부르크 이민 가정의 아들로 태어났다. 존은 아버지가 돌아가신 열 살 때까지 인디애나 주 사우스 밴드에 있는 학교에 다녔다. 그다음에 그들은 존을 뉴 햄프셔 주에 있는 명문학교인 필립스 엑시터로 보냈다. 존은 그 학교에서 우등생이었고, 미식축구팀의 주장이었다.

다트마우스 대학에서 1년을 수학한 존은 AAU(미국 육상연맹 - 역자 주)에서 주최하는 미국 전천후 챔피언십 대회에 대비하기 위해 학교를 그만두었다. 그 전천후 챔피언십 대회는 10종 경기처럼 하루에 열 가지 육상 종목을 모두 치르는 시합이었다. 존은 1908년에 챔피언십을 획득했고, 워싱턴 주의 유니언 역 앞에 세운 동상의 모델로 선정되어 포즈를 취하기도 했다.

그 후에 존은 프린스턴 대학으로 편입하게 되었는데, 그곳에서는 미식축구 팀의 하프백으로 스타가 되었으며, 축구 경기 도중에 코뼈가 주저앉는 사고를 당하기도 했다. 존은 학업을 계속하여 1912년에는 마침내 토목공학 학사가 되었다.

그해 여름 그는, 스톡홀름 하계 올림픽 5종과 10종 경기에서 막 금메달을 획득해 금의환향한 위대한 짐 서프에 맞서 AAU 전천후 챔피언십을 방어하기 위해 롱 아일랜드의 셀틱 파크로 갔다.

폭우와 진흙 속에서 치러졌던 AAU 경기에서 브레더머스와 서프는 둘 다 종전의 기록을 깼지만 우승은 불과 173점차이로 서프에게로 돌아갔다. 1913년 1월, 세계 올림픽 위원회와 AAU는 서프가 아마추어가 아니라고 제소를 하였는데 그것은 그가 1909년과 1910년 노스캐롤라이나 주에서 세미 프로 야구를 했던 적이 있기 때문이었다.

서프가 딴 금메달에 대한 논란은 오늘날까지도 지속되고 있다. 나는 대다수의 사람들이 서프가 금메달을 박탈당하지 않았거나, 또는 적어도 그것들을 돌려받을 수 있었기를 바랐다고 생각한다.

하지만 그의 올림픽 메달들은 올림픽 위원회에 환수되어 은행 금고에 사장되었다. 그리고 서프의 AAU 전천후 챔피언십 금메달들은 존 브레더머스에게 인계되었다. 존은 그 금메달들을 수락하여 죽기 얼마 전까지 소장하고 있었다.

1913년 6월, 존은 코네티컷 주 스탠포드 예비학교의 체육 선생으로 임명되었다. 그리고 브라이튼 해변에서는 생명 구조원으로 일했다. 그해 여름, 그는 브롱크스에 만들어진 미국 최초의 퍼블릭 코스인 벤 코틀랜드 파크에서 골프를 배웠고, 그 1년 뒤인 1914년부터는 토너먼트에 참가하기 시작했다.

1915년 존은 롱 아일랜드에 리도 클럽을 건설했던 팀을 도와 자신의 토목공학 학위를 십분 이용할 수 있는 기회를 갖게 되었다. 그는 이 나라 최초의 골프 건축가가 된 것이다.

1916년에는 뉴욕 타플로 클럽의 집회에서 PGA가 창립되었는데, 존은 그 창립 멤버 중의 한 명이었다. 1년 내내 골프를 즐길 수 있는 장소를 물색하던 존은 1919년 텍사스 주에 왔고, 샌안토니오에 있는 어떤 학교의 교장으로 고용되었다.

텍사스 주 최초, 그리고 그 당시에는 유일한 퍼블릭 코스이던 샌안토니오의 브래컨리지 파크에서 존은 레귤러가 되었고, 얼마 되지 않아 차석 프로로 발돋움했다.

1920년에 존은 건축회사에 고용되어 델 리오에 있는 산펠리페 스프링스 코스를 조성했는데, 그곳은 아직도 명(名)코스로 인정받고 있다. 그는 텍사스 최초의 진짜 골프 전문 건축가였다. 존 이전에는 골프 코스들이, 루이스 핸콕이 자기 친구들과 함께 오스틴 컨트리 클럽의 처음 9홀짜리 코스를 만들었던 것처럼 골프장의 위원회나 선수들에 의해 대충 계획되었다.

여태까지의 사실들을 가르쳐준 휴스턴, 텍사스 골프 명예의 전당에 있는 내 친구 프랜시스 트림블에게 이 기회를 빌어 심심한 사의를 표한다. 이제부터 나는 존을 사귀게 되었던 그 무렵의 이야기를 하겠다.

브레더머스는 텍사스 주 최초로 골프 교습을 시작한 사람이었다. 그는 텍사스 토너먼트를 창립했고, 1923년 코퍼스 크리스티 컨트리 클럽을 건설했으며, 텍사스 지방 신문에 최초로 골프 칼럼을 연재했다.

1922년 샌안토니오에서 개최되어 봅 맥도널드가 우승을 했던 제1회 텍사스 오픈에 대해, 대개의 사람들은 샌안토니오의 스포츠 기자인 잭 오브리언이 그 대회의 발상과 구현에 큰 기여를 했다고 생각한다. 하지만 숨은 공은 브레더머스의 것이었다. 이 대회에 참가하기 위해 전 세계의 유명 선수들이 텍사스 주로 모여들었고, 그것으로 말미암아 골프 붐이 일기 시작했던 것이다.

1922년에는 휴스턴 컨트리 클럽의 프로 윌리 매규어와 존을 각각 회장과 총무로 한 텍사스 PGA가 창립되었다. 존은 '겨울철 투어'를 옹호하는 입장이었다. 그는 슈리브포트 오픈(1923), 휴스턴 오픈(1924)과 댈러스 오픈(1924)의 창설에 일익을 담당하였다.

1927년 브레더머스는 댈러스의 크레스트 힐스에 미국 PGA 대회를 유치하였다. 그 토너먼트에 대비하기 위해 그는 구(舊) 틸링하스트 코스에 벙커를 마흔 개나 더 만들고, 코스를 수백 야드씩이나 연장했다.

당시는 전국적으로 골프장 건설 붐이 일고 있었는데, 나는 존이 그들 중 적어도 80퍼센트 정도에 관여했을 것이라고 생각한다.

우리는 1924년, 오스틴 컨트리 클럽의 샌드 그린을 잔디로 바꾸며 존을 건축기사로 고용한 적이 있었다. 그는 일주일에 한 번 정도 공사의 진행을 감독하기 위해 들르곤 했다. 당시에는 불도저라는 것이 없었다. 그래서 우리는 노새와 스크레이퍼(표면을 편편히 깎는 연장 - 역자 주)로 모든 작업을 했다.

우리 클럽이 리버사이드 드라이브로 이전하게 되었을 때, 나는 존에게 코스의 설계를 부탁했다.

존은 말했다.

"하비, 난 지금 벌써 두 개의 코스를 맡아 일을 하고 있다네. 내가 욕심을 내서 자네 코스까지 맡는다면 자네가 원하는 만큼 최선을 다하지 못할 것 같네."

그래서 우리는 그 일을 페리 맥스웰에게 의뢰했다. 나는 당시 페리가 의족을 한 모습으로 돌아다니며 코스를 계획하던 광경이 아직도 눈에 선하다. 페리는 내가 보았던 것 중 가장 뛰어난 모습의 그린들을 만들어냈다. 하지만 그 이후, 그린의 모습은 또 다른 디자이너들에 의해 변형되었다.

존은 그저 몇 벌의 옷과 몇 권의 책, 채가 일곱 개 든 캔버스 골프백 하나, 체커보드(서양 장기인 체스 놀이를 하는 판 - 역자 주) 하나, 그리고 체스 말들이 가득 찬 양말 하나만 들고 여행을 다녔다. 휴스턴에서 존은 체스 게임으로 타이타닉 톰슨을 자주 이겼다고 한다. 아무에게도 어디로 가는지, 무엇을 하는지도 알리지 않고 혼자서 전국 방방곡곡을 유랑하던 존은 자신에 대한 어떠한 기록도 남기지 않았으며, 수많은 골프 코스들을 건립했다. 그는 끝까지 유명해지는 것을 원치 않았다. 그가 번 돈으로 무엇을 하는지 아는 사람은 아무도 없었다. 하지만 그 자신을 위해 쓰지 않았다는 것만은 의심의 여지가 없었다.

존이 만든 코스 중 가장 유명한 것은 1936년 조성된 포트 워스의 콜로니얼 컨트리 클럽이다. 브레더머스는 1928년 산 안젤로와 1934년 서긴에 벤트그라스(잎새가 가늘고 부드러운 잔디의 일종으로 이상적인 피팅 그린 표면을 제공하나 더운 기후에서는 유지하기가 힘든 단점이 있다 - 역자 주)로 그린을 조성한 바 있었지만, 그가 콜로니얼에 조성한 벤트그라스 그린은 텍사스 주에서는 최초의 것으로 알려지게 되었다.

존은 콜로니얼 클럽을 조성하는 도중 17번 홀 그린 근처에 버티고 있던 '빅 애니'라는 이름을 가진 커다란 떡갈나무를 베어내려 했다. 그는 코스에 도움이 된다고 생각하면 언제라도 나무를 베어내고는 했다. 하지만 그 사업에 자금을 대던 마빈 레너드는 인부들이 막 나무뿌리를 캐기 시작하던 순간 현장으로 달려나와 빅 애니를 베려는 것을 저지하였다.

그때 존이 발끈하는 바람에 마빈 레너드에게 해고를 당했다는 말도 있지만, 사실은 존이 그때 병중이어서 그 코스의 마지막 공정을 자신의 제자인 랄프 플러머에게 넘겨준 것이었다. 존은 내게 말했다.

"레너드 씨와 다툴 이유가 무엇이 있었겠나? 어차피 그 사람 돈으로 하는 일인데."

몇 년 후, 빅 애니는 심한 폭풍이 불어닥쳐 희생되었다.

1941년 US 오픈 직전에 페리 맥스웰에게 이 콜로니얼 코스를 조금 손봐달라는 부탁이 들어왔다고 한다. 하지만 페리는 그저 조경에만 조금 손을 댔을 뿐 코스 자체는 본질적으로 존의 디자인 그대로였다.

언젠가 존은 포트워스 리드글리 컨트리 클럽의 두 번째 18홀 코스를 구상중인 곳으로 나를 데리고 간 적이 있었다. 그때 존은 나를 붙들고 장황하게 계획을 늘어놓기 시작했다.

"여긴 티를 만들 거고, 그린은 저쪽쯤 될 거야, 하비."

그는 홀 전체를 머릿속에 떠올리고 있었던 것이다. 반면 내 머릿속에는 고작해야 우리가 무릎까지 올라오는 잡초들 사이에서 진드기투성이가 되고 있다는 생각뿐이었다.

존은 내게 골프 코스를 디자인하는 데에는 예술가적인 안목이 필요하지만 그것을 실제로 건설하는 것은 엔지니어의 기술이라는 사실을 가르쳐주었다.

존은 실제 자기 이름으로 건설된 수많은 코스들은 물론, 다른 사람들의 업적으로 알려진 텍사스 주의 유명 코스들을 건설하는 데에도 일익을 담당했다. 그 중에는 휴스턴의 브레이번, 갤비스턴에 있는 오팟스 베이유(이것은 불행히도 제2차 세계대전 중 공군 비행장을 건설하느라 파괴되었다), 휴스턴의 메모리얼 파크(당시 국내 최고의 코스라고 명성이 자자했다), 휴스턴의 헤르만 파크 등 너무 많아 일일이 이름을 나열할 수가 없을 정도이다. 만일 그가 코스를 직접 건설하지 않았다면, 그는 우리 오스틴 컨트리 클럽에서 샌드 그린을 잔디 그린으로 바꾸었던 것처럼 나중에 와서 코스를 수정했을 것이다.

비가 흩뿌리던 어느 날 밤, 나와 존은 루이지애나 주에서 집으로 돌아오고 있었다. 우리가 탄 자동차는 텍사스 주 '리버티'에서 진흙에 빠져 옴짝달싹도 할 수가 없었다. 존은 차에서 뛰어내리더니 큰소리로 외쳤다.

"이게 자유(고장 이름이 'Liberty'라는 뜻을 가진 것을 빗대어 농담한 것 – 역자 주)라면, 차라리 죽음을 달라!"

존은 말년에 접어들어서는 휴스턴에 있는 헤르만 파크에서 수석 프로로 몸담고 있었다. 그는 종종 리버 오크스에 있는 벅스를 찾아가 나무 그늘 아래서 멤버들과 체스를 두고는 했다. 하지만 존은 클럽 하우스에는 절대 들어가려고 하지 않았다. 그는 자기가 그 안에 있는 사람들과 너무 안 어울린다는 생각이 들어서 그런다고 말했다.

나는 존에게 젊었을 때 해본 운동 중에서 어떤 것을 제일 좋아했는가를 물은 적이 있었다.

그는 대답했다.

"하비, 내 평생 제일 재미있었던 것은 어릴 때 고향 역 근처에서 화물열차 위를 깡충깡충 뛰어다니며 지나가는 사람들에게 손을 흔들어 보이는 것이었네."

죽기 얼마 전, 존은 내게 짐 서프의 금메달들을 보여주었다. 그는 그 메달들을 담배상자 안에 보관하고 있었다.

"자네, 내가 마침내 저것들을 어떻게 하기로 결정했는지 아나?"

그가 물었다.

"아니, 어떻게 하기로 했나?"

내가 물었다.

"저것들을 녹여버리기로 했네."

나는 바로 그것이, 내가 예상했던 짐 서프의 금메달들이 맞게 될 운명이라고 생각한다.

훅과 슬라이스

훅은 보통 수준의 골퍼에게 손상을 입히지 않는다. 큰 손상을 입히는 것은 그것이 풀드 훅이 되는 경우이다. 보통 수준의 골퍼가 똑바로 날아가다가 끝으로 가면서 훅이 되는 샷을 친다면 전혀 걱정할 필요가 없다.

만일 공이 맞은 직후부터 왼쪽으로 가다가 훅이 걸린다면 여러분은 프로의 도움이 필요할 것이다.

처음 점검해보아야 할 곳은 당신의 그립이다. 이때만은 특별히 손의 브이(V)자 홈들이 턱 쪽을 가리키도록 그립을 해본다.

왼손을 채 위로 많이 올려놓음으로써(그립을 약하게, 즉 슬라이스 그립을 함으로써 – 역자 주) 훅이 나는 것을 교정하면, 스윙은 궤도에서 이탈해 공을 맞추며 아웃사이드로 나가게 된다.

스윙을 할 때는 스윙으로 티나 잔디 위쪽을 자르겠다고 마음 먹는다. 이렇게 하면 채를 똑바르게 휘두를 수 있게 된다.

어드레스 때 클럽페이스를 약간 여는 것도 실제적으로는 그립을 약하게 하는 것과 똑같은 효과를 낸다.

슬라이스는 훅보다도 훨씬 더 골치 아픈 것이다. 많은 하이 핸디캡 골퍼들은 늘 슬라이스를 내기 때문에 처음부터 아예 그것을 감안하여 조준을 한다. 만일 여러분이 그렇게 미리부터 슬라이스가 날 것을 고려한다면 십중팔구 분명 슬라이스가 나게 될 것이다(훅이 날 것을 미리부터 고려하는 것도 훅을 유발하는 원인이다).

슬라이스를 자주 내는 사람들은 우선 먼저 채를 좀 가볍게 쥐고 그립을 살펴보도록 한다.

이때에는 특별히 한 손, 또는 양손의 브이(V)자 홈이 오른쪽 어깨를 가리키도록 그립을 해야 한다.

이번 역시 클럽페이스가 똑바로 된 상태로 스루동작을 하기 위해서는 스윙으로 티나 잔디의 윗부분을 자른다고 생각해야 한다.

채를 가볍게 잡아야 한다는 사실을 명심해야 한다. 채를 정교한 악기라고 생각해본다. 클라리넷을 불 때 부서질 정도로 꽉 움켜쥐고 불지는 않을 것이다. 채를 스윙하는 동안 내내 가볍게 붙들도록 한다.

슬라이스를 고치는 확실한 방법 하나는 여러분 자신이 야구장의 홈 베이스에 서 있다고 상상하는 것이다. 몸이 2루의 약간 오른쪽을 조준하도록 스탠스를 잡고 클럽페이스를 똑바로 2루에 조준한 다음, 유격수를 향해 공을 치는 것이다. 처음에는 7번 아이언을, 다음에는 3번 우드를 사용한다.

이때 다운스윙이 아웃사이드에서부터 들어오지 않도록 조심해야 한다. 스윙 면대로 목표선을 따라 내려오며 주로 왼쪽 전박을 사용하여 왼쪽 팔 전체를 회전시킴으로써 유격수를 넘는 강한 플라이 볼을 치는 것이다. 이것은 내가 아는 최상의 슬라이스 치료법이다.

이 글을 자세히 읽어보면 어떻게 하면 훅을 칠 수 있는지 알게 될 것이다.

이상한 페널티 규정

골프에서 가장 창피하고 민망스러운 경우는 티에 올라가서 드라이버로 공도 맞추지 못하고 헛스윙을 해버리는 것이다.

이 창피한 경우, 페널티는 1벌타이다.

하지만 드라이버로 장타를 날렸는데도 공이 1인치라도 OB 말뚝 밖에 떨어져버린다면 타수와 거리에 페널티가 부과되어, 실제로는 거의 훌륭한 드라이버 샷에 가까웠던 것이 2개의 벌타가 부과되어 형편없는 샷이 되고 만다.

거리 계산

1941년 콜로니얼 클럽에서 US 오픈이 개최되었을 때, 나는 대회 진행 측이 150야드를 표시하는 나무들 중 일부를 뽑아버렸다는 것을 알게 되었다. 그래서 USGA(미국 골프 연맹 - 역자 주)에 서신을 띄워 문의를 해보았다. 사실 당시 나는 오스틴 컨트리 클럽에 거리 지시용으로 나무를 심으려는 계획을 가지고 있었기 때문이다. USGA는 150야드 표시로 나무를 심는 것은 규정 위반이 아니지만 그런 표시를 사용하는 클럽에서는 USGA가 주최하는 어떠한 시합도 열지 않을 것이라는 답장을 해왔다.

그래서 오스틴 컨트리 클럽에 나무를 심는 대신, 나는 150야드 되는 곳에 파이프와 흰 나무토막들을 땅에 박아두었다. 토너먼트가 열릴 때면 언제든지 제거할 수가 있도록 말이다. 그렇게 했는데도 나는 홈 플레이어들에게 부당한 이익을 주었다고 비난을 받아야 했다.

요새의 프로 투어에서는 선수들이 매 샷 때 쳐야 할 거리를 피트 단위까지 정확히 안다. 대회 측은 심지어는 프로들에게 각 그린에 핀의 정확한 위치가 표시된 종이를 나누어 주기도 한다.

정확한 거리를 알게 됨으로써 얻게 되는 자신감은 경기를 하는 데 큰 도움이 된다.

요즘 대부분의 컨트리 클럽이나 시내 퍼블릭 코스는 100야드와 150야드의 표시로 나무나 과목을 심고, 종종 스프링클러 꼭지에 그린까지의 거리를 적어두기도 한다. 예전에 우리들은 눈과 감으로만 거리를 가늠했는데 말이다.

벤 호건은 정말 불가사의할 정도로 거리 계산이 정확한 선수였다.

〈셀의 놀라운 골프의 세계〉라는 TV 프로에도 소개가 되었던 이 일화에서, 벤은 파 세 개짜리 홀에서 점수표를 쳐다보고 있었다. 그 카드에는 그린의 중심까지 152야드라고 적혀 있었다.

"이 카드가 틀렸어요."

벤이 말했다.

"그린 가운데까지는 148야드예요."

그들이 측정해보았더니 정말 벤의 말이 맞는 것이었다.

톰 카이트 역시 아주 뛰어난 거리 감각을 가지고 있었다. 많은 프로들은 어떤 특정한 나무나 벙커로부터 그린까지의 거리를 재어오라고 자신들의 캐디들을 내보낸다. 나는 지금 PGA 국장인 딘 비먼이 선수 시절에 처음으로 이런 일을 시작했다고 생각하는데, 잭 니클라우스도 이것을 거의 예술의 경지까지 올려놓았다.

길고 짧음

잭 버크 주니어와 내가 골프 클리닉을 개최했을 때, 어떤 사람이 롱 아이언으로 깃대를 향해 샷을 하는 것에 대해 물어왔다.

"저는 롱 아이언으로는 그린 한가운데를 보고 샷을 합니다."

잭이 말했다.

"어떤 때는 공이 깃발 옆까지 굴러가 멋진 샷이 되기도 하지요."

그린만 부드럽다면 골프를 치는 사람은 누구라도 150야드에서 훌륭하게 깃대 옆에 공을 가져다붙일 수 있다. 코스에 물기가 없고 건조한 경우, 대개의 플레이어들은 티 샷을 너무 길게 치려고 하다가 제2타로는 도저히 핀을 공략할 수 없는 곳에 공을 떨어뜨리고는 한다.

보통 수준의 골퍼가 150야드에서 홀 컵에 공을 넣는 데에는 3타 이상이 소요될 이유가 전혀 없다. 만일 여러분이 풀 스윙 연습의 대부분을 7번과 6번, 또는 5번 아이언으로 한다면 – 평소에 어떤 것으로 150야드 샷을 하는지는 모르지만 – 공을 그린 한가운데에 떨어뜨릴 자신이 생길 것이고, 그렇게 되면 어떤 때는 공이 컵 가까이로 굴러가 멋진 샷이 될 것이다.

가장 옷을 잘 입는 선수들

내가 여태까지 만났던 골퍼들 중 가장 옷을 잘 입는 세 명은 월터 하겐, 호턴 스미스와 벤 호건이다. 그들은 멋과 품위가 있었다.

지미 디마렛은 화려한 의상으로 주목을 받았는데, 그 화려한 의상은 지미에게는 잘 어울렸지만 그를 모방하려던 사람들에게는 영 어울리지 않았다.

호건은 항상 밝거나 어두운 단색으로 옷을 입었는데, 그런 이유인지는 몰라도 항상 사진을 잘 받았다. 하겐과 스미스는 타이를 매고 긴 소매의 정장용 셔츠에 니커(무릎 아래까지 오는 골프용 바지 – 역자 주)를 입었다. 그들의 옷은 항상 단정하게 다림질되어 있었다.

대공황은 니커를 시장에서 사라지게 만들었다. 사람들이

니커 밑에 받쳐 입을 모직 양말에 드는 비용 12달러를 낼 수가 없었기 때문이었다. 그래서 그들은 하는 수 없이 긴 바지를 입게 되었다.

호건은 구겨진 옷을 걸치고 상담(商談)을 시작했다가 이야기 중간에 사라져 우아하고 보수적으로 보이는 정장으로 갈아입고 다시 나타나고는 했다.

"누구랑 거래하시는 편이 좋으세요? 아까 그 친구입니까, 아니면 접니까?"

벤은 그렇게 묻고는 했다.

프로 골퍼들은 관중들에게 볼거리를 제공하기 위해 존재하는 사람들이다. 나는 우아하고 멋진 패션의 귀감을 보여야 한다고 생각한다. 하지만 나 자신은 이제 너무 늙고 낡아빠져 어떤 것이 멋진 것인지 말할 수가 없다.

내가 보기에 요새는 여자 선수들이 남자 선수들보다 훨씬 옷을 잘 입는 것 같다.

꼬마 제자들

나는 진정으로 위대한 네 명의 남자 선수들을 그들이 학교에 다니던 어린 시절부터 가르치고 코치할 수 있었다는 것을 하나님의 크나큰 은혜라고 생각한다.

나는 그들 중 누가 가장 최고였느니 하며 비교하지 않는다. 그 네 명은 모두 나름대로 아주 뛰어난 학생들이었다.

그들을 소개하자면 이렇다.

에드 와이트, 그는 뛰어난 아마추어 경력을 가진 권위자이다. 그는 워싱턴 D.C.의 의회 클럽에서 열렸던 NCAA의 결승전에서 프레드 하스 주니어를 물리쳤다. 프레드는 내게 에드는 자기가 본 가장 뛰어난 선수라고 말한 적이 있다. 그런데 에드는 끝까지 프로 선수가 되지 못했다. 그 당시에는 에드같이 뛰어난 사람을 끌어들일 만큼 투어에 돈이 많지 않았던 시절이었기 때문이다.

모리스 윌리엄스 주니어, 그는 막 프로에 첫발을 내딛기 직전에 비행기 사고로 목숨을 잃었다. 나는 이 비극적인 소식을 그의 부모에게 전하는 사자(使者) 역할을 맡았는데, 오스틴 신문의 스포츠 편집장이었던 그의 부친은 내 품에서 졸도를 하고 말았다.

톰 카이트, 골프 역사상 가장 많은 상금을 획득한 선수.

벤 크렌쇼, 마스터스 챔피언.

내가 사랑하던 어린 제자들 중의 또 하나는 고(故) 데이비스 러브 주니어였다. 그는 17세 때 처음 내게 교습을 받으러 와 그 후 4년 동안 텍사스 대학 팀의 선수로 활약을 했다. 데이비스는 학부 시절에도 충분히 마스터스 대회에 나갈 만한 실력을 가진 학생이었다. 하지만 골프의 열성적인 학도였던 데이비스는 결코 프로 선수가 되려 하지 않았다. 그는 남들을 가르치고 싶어 했고, 결국 바라던 대로 최고의 선생이 되었다. 그의 아들 데이비스 러브 3세는 훌륭한 프로 선수로, 내게 몇 번인가 교습을 받으러 찾아온 적이 있었지만 나는 그 친구가 자기 아버지에게 배운 것 이상을 가르칠 수가 없었다.

치핑이냐, 피칭이냐?

만일 다음과 같다면 항상 치핑을 한다.

1. 라이가 나쁠 때
2. 그린이 딱딱할 때
3. 다운힐(내리막) 라이
4. 바람이 세게 불어 샷에 영향이 있을 것으로 생각될 때
5. 스트레스를 받을 때

다음과 같은 때는 피칭을 하는 게 좋을지도 모른다.

1. 라이가 좋을 때
2. 업힐(오르막) 라이

3. 그린이 푹신푹신할 때

4. 중간에 장애물이 있을 때

하지만 이것들은 일반적인 지침일 뿐 실제 플레이를 할 때에는 개인의 실력이 고려되어야 한다. 노련한 선수들은, 너무 위험해 하이 핸디캡 골퍼들에게는 권할 수조차 없는 샌드 웨지 칩 샷도 깔끔하게 해낸다.

피칭 때 골퍼들이 흔히 저지르는 실책 하나는 공을 띄우기 위해 채를 위로 퍼올리는 것이다. 이것은 클럽헤드가 손보다 앞에 나가기 때문에 생기는 일이다. 이것을 고치기 위해서 나는 학생들에게 탁자 밑으로 공을 집어넣을 수 있도록 낮은 피치 샷을 연습시킨다. 이 방법은 학생들에게 공을 칠 때 몸을 돌리지 않고 피칭을 클럽헤드의 로프트에게 맡기도록 해준다.

어떠한 거리에서라도 샌드 웨지로 피칭 샷을 할 때에는 항상 채를 제 길이로 다 잡아야 한다. 샌드 웨지를 짧게 잡으면 칠리디핑(chili-dipping)이 유발되는데, 이것은 임팩트 때 고개를 떨어뜨리고 왼발을 구부리는 것을 뜻하는 말로, 뒤땅 아니면 토핑을 하도록 만들어버린다.

치핑이나 짧은 피치에서는 폴로스루 때 절대 클럽헤드가 손보다 앞에 나가지 못하게 해야 한다.

잔디가 휴지기에 들어간 겨울철 페어웨이나 잔디 없는

맨땅에 놓은 클로즈 라이(close lie)에서 플레이를 하기 위해서는 반드시 다음과 같은 웨지 샷이 필요하다.

공을 오른쪽 발 앞에 두고 플레이를 한다. 블레이드가 목표선에 스퀘어하고, 바운스(bounce)가 지면에 닿지 않도록 클럽페이스를 닫고 앞쪽을 향해 스탠스를 조정해 방향을 잡는다. 체중은 왼발 쪽에 조금 더 싣는다. 다운스윙을 할 때 공과 지면을 동시에 맞힌다.

이렇게 하면 더 많은 백스핀이 걸린 낮은 타구가 나오게 된다. 이것은 묘기구가 아니다. 이것은 쉽게 배울 수 있는 기술이다.

나는 이 샷을 내가 사랑하는 제자 중의 하나인 전(前) 미국 시니어 챔피언인 빌 펜에게 가르쳐주었다.

그런데 어느 날, 빌은 나를 찾아와 불평을 늘어놓았다.

"하비, 제가 원하는 건 항상 100퍼센트 성공할 수 있는 샷이에요. 지난번 가르쳐준 건 성공률이 75퍼센트밖에 안 돼요. 투 퍼팅이 한 번 나왔어요."

늙은 선생

나이가 들수록 나는 점점 더 좋은 선생이 되나 보다.

왜냐하면 점점 더 많은 학생들이 내 눈에 보이지 않는 곳까지 공을 날려 보내기 시작했기 때문이다.

글쎄, 이게 침침해진 내 눈 탓일까?

폴로스루

학생에게 임팩트 존에서 일어나야 하는 올바른 동작을 가르치는 과정의 일환으로 내가 가장 먼저 하는 것은 그 학생에게 좋은 폴로스루 자세를 잡게 하는 것이다.

이것은 대단히 중요한데, 그 이유는 폴로스루가 그 전에 일어났던 것들의 반영이기 때문이다.

고속 촬영 필름을 보면 임팩트 후 공이 클럽페이스에 머무르는 시간은 몇 분의 일 초도 되지 않는다는 것을 알 수 있다. 그런 이유로 폴로스루는 공을 치는 것 자체와는 하등의 관계가 없다. 하지만 만일 여러분이 제대로 된 스윙을 했다면 폴로스루로 그것을 나타내 보일 수 있을 것이다.

연습 때, 나는 학생들에게 자신의 폴로스루를 관찰시키기 위해 스윙을 마친 다음 몇 초간 정지 자세를 취해보도록 시킨다. 나는 그 폴로스루 자세가 스윙의 진짜 결과로 나온 것이어야 한다고 거듭 강조한다. 꾸며낸 폴로스루는 학생들에게 아무것도 가르쳐주지 않는다.

우리가 학생들에게 가르치고 기억시키고 싶은 것은 왼발

에 모든 체중을 싣고 양 팔꿈치가 몸 앞에서 전방을 가리키는, 균형이 잘 잡힌 폴로스루이다.

연습장에서는 멋진 샷을 한 다음에 폴로스루 폼을 잡아보는 것도 괜찮다. 그걸 즐길 줄 알아야 한다. 샷을 한 다음의 폴로스루가 어떤 느낌인지 감을 잡아보는 것이다. 하지만 나는 코스에 나가 정지 동작으로 폼을 잡고 서 있는 사람들은 그리 좋아하지 않는다.

좋은 샷을 치고 약간 뒤로 흔들리거나, 아니면 몸의 균형을 잃는다고 해도 코스에서는 그것이 전혀 문제가 되지 않는다. 코스에서는 멋이 있다거나 폼이 난다거나 해서 점수가 더 잘 나오는 건 아니기 때문이다. 코스에서 여러분의 목적은 공을 목표에 정확히 떨어뜨리는 게 되어야 한다.

만일 코스에 나가 좋은 샷을 하고 피니시마저 예쁘게 되었다면, 거기서 멈추어 폼을 잡지 말고 빨리 채를 내리고 게임을 진행해 다음 일을 하도록 하는 게 좋다.

조금

골프 스윙은 전체로 보아 하나의 스윙 동작이지만 실은 긴밀히 연결된 수많은 조그마한 것들로 구성되어 있다.

더치 해리슨은 말한 적이 있다.

'조금은 조금이 아니다.'

이것은 채를 조금 비스듬한 각도로 잡고 공을 치게 되면, 공이 저 멀리 날아갔을 때는 커다란 오차가 되어버린다는 뜻이다. 만일 임팩트 때 클럽페이스에 2, 3도의 오차가 생긴다면 200야드를 나갔을 때는 공이 20~30야드나 목표에서 벗어나게 된다.

좋은 샷을 만드는 요소에는 네 가지가 있다. 클럽페이스 정중앙으로 공을 치는 것이 그것이다.

우리들은 항상 스윙에 대해서만 너무나 많은 이야기를 하기 때문에 임팩트 때 클럽페이스의 각도도 그만큼 중요하다는 것을 종종 잊어버린다.

많은 골퍼들은 우드 채 밑바닥에 난 소위 슬라이스 자국을 보고 자신들이 아웃사이드에서 내려와 공을 맞히고 인사이드로 들어오는 스윙을 한다고 생각한다.

하지만 이것은 클럽페이스가 열린 상태에서 임팩트가 되는 것으로도 쉽게 생겨날 수 있는 자국이다.

임팩트 때 클럽페이스가 스퀘어하게 될 확률을 높이기 위해서는 어드레스 때 클럽페이스를 스퀘어하게 만들어야 한다. 어떤 학생들은 어드레스 때 클럽페이스를 여는 것을 고집하는가 하면, 또 어떤 소수의 학생들은 클럽페이스를 닫아야만 마음이 편해지는 모양이다. 내가 그들에게 스퀘어한 클럽페이스를 보여주면 그들은 영 믿지를 못한다.

골프 클럽페이스의 스위트 스폿이라고 불리는 부분으로 골프공을 정확히 쳐내는 느낌만큼 환희와 기쁨을 주는 것은 아마도 없을 것이다. 실제로 이 스위트 스폿은 '구르는 것이 없는(no-roll)' 지점으로 나가게 된다. 이런 샷은 아무리 노력을 한다고 해도 우연한 기회에나 치게 되는 것이다.

보통 수준의 골퍼는 18홀을 도는 동안 겨우 두세 번 정도만 스위트 스폿에 샷을 하게 된다. 벤 호건은 자기의 엄격한 기준으로 보면 자기 자신도 한 라운드에 한 번 정도나 스위트 스폿으로 맞힌다고 말했다.

"만일 내가 스위트 스폿으로 네댓 번씩 칠 수만 있다면 아마 50대 스코어를 칠 거예요."

벤 호건은 내게 이렇게 말한 적이 있다.

실제로 중요한 것은 당신이 치는 좋은 샷이 얼마나 좋으냐 하는 것이 아니라 당신이 치는 나쁜 샷이 얼마나 나쁜가 하는 것이다.

심지어는 초보자들조차도 가끔씩은 이런 스위트 스폿으로 샷을 하게 된다. 이런 샷에서 얻어지는 짜릿한 스릴과 흥분은 초보자들에게 이런 흔쾌한 느낌을 또 한 번 느끼고 싶은 욕심에 더욱 열심히 배우고자 하는 학구열을 고쳐시켜 준다.

클럽페이스를 스퀘어하게 만드는 것은 의식적인 노력으로 되는 것이 아니다. 클럽페이스는 좋은 스윙을 하면 자연히 스퀘어하게 놓이도록 되어 있다.

플레이어들은 서슴지 않고 인정을 한다.

'저는 골프에 미쳤어요.' 또는 '저는 골프 중독자예요'라고 말이다.

그들은 좋은 샷을 치는 환희에 중독되어버린 것이다.

여러분이 클럽페이스를 직각으로 만들기 시작하면 여러분의 갈증난 중독 증상은 자주 해갈될 것이다.

명심하자. 조금은 절대 조금으로 끝나는 것이 아니다.

골퍼의 시(詩)

세월이 흘러도 변하지 않는 것이 있다. 이 주옥같은 시는 드라이버를 가장 멀리 치는 사람으로, 텍사스 대학의 육상부 감독이며 축구 코치인 D.X의 부인 도로시 바이블이 1930년 6월 19일자 네브래스카 주 링컨의 〈스타〉 지에서 오려 보내준 것이다.

달랠 수 없는 영혼

에드가 A. 게스트

저는 나무 밑에서 지친 표정의 그를 보았습니다.

그에게 물어보았죠.
"무슨 일이 있나요?
이 좋은 여름날 그렇게 우울해 보이시다니요?"

"머리 위의 새들은 즐겁게 지저귀고,
들꽃들은 저렇게 아름다운데,
도대체 당신을 슬프게 만드는
그 무섭고 끔찍한 건 뭐지요?"

"아이들이 노는 모습도 귀엽고,
산들바람도 상큼해요.
슬픈 나그네여, 제발 말 좀 해보세요.
당신의 그 고민을."

"춤추는 햇살도, 새들의 노래도
제게는 아무 소용이 없어요."
그가 말했습니다.
"스탠스 어디가 틀렸는지, 티 샷이 안 돼요."

"종일 매시(5번 아이언)는 생크가 나고,
퍼팅은 언저리만 맴돌아요.
전 뭔가 큰 잘못을 하고 있어요.
아마 머리를 쳐드나 봐요."
"불쌍한 사람!" 제가 말했죠.

"당신은 도울 수가 없겠군요.
당신이 하는 고민들은
나 자신도 30년 동안 못 고친
고질병이랍니다."

"아직도 내 매시는 섕크고,
드라이브는 슬라이스,
살아 있는 동안은 샷이 숲속에 박힐까
내내 고민이에요."

"세월이 가면 다른 모든 고민들은 치유되고
다른 상처들이 나아도,
골퍼의 슬픔들은 사라지지 않으리.
그들에게는 안식의 날이 없으리."

중요한 시합을 앞두고

　자연스럽게 행동해야 한다. 평소에 하던 것과 똑같이 한다. 만일 평소 저녁때 한두 잔 정도 술을 마셨다면 그렇게 한다. 만일 평소에 밤 열한 시쯤 되어서야 잠자리에 들었다면 평소처럼 그렇게 한다. 평소보다 두세 시간 일찍 자리에 누울 필요는 없다. 평소와 같은 시간에, 평소에 먹는 똑같은 음식을 먹는 게 좋다.

중요한 시합 나가서 어떤 플레이를 하게 될 것인가를 결정하는 데에는 마음가짐이 가장 중요한 역할을 한다. 그러므로 당신은 평소에 하던 대로 일상적인 것에만 신경을 써야 한다.

신경을 다른 곳으로 돌리게 할지도 모르는 새롭고 색다른 것은 피한다. 왜냐하면 머리가 복잡해져서 마음가짐이 바르게 되지 않기 때문이다.

그 중요한 경기의 결과에 대한 생각들은 아예 생각에서 접어둔다. 그 결과들은 미래의 것이다. 여러분은 현재에만 집중해야 한다.

시합이 시작되기 전, 코스에 나가면 평소와 같이 몸을 푼다. 만일 평소에 신발을 신고 대여섯 개 공을 친 다음 티로 직행했다면 시합 때도 그렇게 한다. 항상 공을 한 바구니나 쳐서 워밍업을 한 사람이 아닌 이상 공을 많이 칠 필요는 없다. 공을 많이 치면 몸만 피곤할 뿐이다.

시합 직전에는 스윙이나 그립에 수정을 가할 때가 결코 아니다. 여러분은 여태까지 써왔던 것을 그대로 고수해야 한다.

첫 티에 나가면 그 라운드 결과가 어떻게 될 것인가에 대해서는 조금도 신경을 쓰지 않는다.

목전에 있는 샷에만 온 신경을 집중한다.

오스틴과 포트워스에서 성장해 LPGA 명예의 전당에 오른 샌드러 하이니는 자기 자신의 샷에만 집중을 하느라 상대 선수들의 샷은 보지도 않았다. 나는 모든 사람들에게 이렇게 하라고 권하지 않는다. 하지만 이렇게 하는 것도 자신의 샷에 정신을 집중할 수 있는 하나의 방법이다.

한 번에 한 샷씩, 매 샷에 최선을 다하려고 노력을 기울이며 플레이를 한다. 그리고 항상 목표만을 생각하는 게 무엇보다도 중요하다.

오르막(업힐)과 내리막(다운힐)

업힐 라이에서는 자연히 공을 끌어당기게 된다. 공을 칠 때는 항상 이것을 고려해야 한다.

높은 쪽 다리는 약간 구부리고 아래쪽 다리는 펴서 골반을 수평으로 유지한다. 그렇게 되면 자연히 공을 평소보다 왼쪽에 놓고 플레이를 하려고 할 것이다. 하지만 너무 뒤쪽으로 체중을 옮겨서는 안 된다.

다운힐 라이에서도 마찬가지로, 골반의 수평을 유지하기 위해서는 아래쪽 다리를 펴고 위쪽 다리를 구부려야 한다. 이번에는 공을 오른발 앞에 놓고 페이스를 스퀘어하게 만든다. 그러면 채 자체가 당신이 정확히 어떻게 위치를 잡아야 할지 가르쳐줄 것이다.

다운힐에서는 공이 약간 오른쪽으로 가게 될 수 있다. 하지만 다운힐에서 슬라이스를 고려해 샷을 해서는 안 된다. 그렇게 하면 생크가 나올 위험이 생기기 때문이다.

바람 부는 날

나의 오랜 친구 지미 코널리는 훌륭한 선수였지만, 바람이 부는 날이면 항상 애를 먹고는 했다. 텍사스 주 아마추어 챔피언십이 걸린 36홀짜리 시합에서 강풍을 무릅쓰고 플레이를 하기 전날 저녁, 그는 내게 조언을 부탁했다.

나는 다음과 같이 말했다.

"바람은 사람들의 마음을 급하게 만든다네. 다른 달보다 3월에 골프장에서 사고가 제일 많은데, 그건 모두 바람 때문이라네.

퍼터를 포함해, 바람이 불 때는 모든 샷을 할 때마다 몸의 균형에 특히 유념하게나, 절대 스윙이나 마음가짐에서 서두르지 말고 평소와 똑같이 행동을 하게. 드라이브를 칠 때 만일 맞바람이 불면 티를 좀 낮게 하고, 뒤에서 바람이 불면 티를 좀 높게 하게.

스크래치 플레이어(핸디캡이 없는 플레이어 - 역자 주)나 프로들은 디마렛처럼 총알 같은 샷으로 바람을 이길 수 있을

지도 모르지만, 난 보통 선수들에게 그런 샷을 권하지는 않는다네. 타이밍도 정확해야 하지만 엄청난 연습이 필요하거든.

대신, 만일 자네가 쳐야 할 샷이 평소 5번 아이언을 사용해서 쳤던 거리라면 앞바람이 불 때는 4번이나 3번까지도 잡을 수가 있지. 채 로프트가 공이 낮게 날도록 해줄 걸세. 만일 뒷바람이 분다면 6, 7번이나 어쩌면 8번까지도 잡을 수가 있을 걸세.

바람은 자네한테만 부는 게 아니고, 자네 상대방에게도 똑같이 분다는 사실을 잊지 말게나. 느긋하게 굴게. 몸의 균형을 잘 잡고, 마음을 조급하게 먹거나 무리한 힘으로 스윙을 해서는 안 되네."

다음날 경기에서 지미 코널리는 5대 4로 텍사스 주 챔피언 타이틀을 따냈다.

타이타닉 톰슨

오스틴은 포트워스, 댈러스, 샌안토니오와 휴스턴과 가까이 위치한 지리적 여건 때문에 자연히 수많은 떠돌이 내기꾼들이 한번 일을 벌여보려고 여장을 푸는 곳이 되었다.

벤 호건은 어느 날 포트워스에서 후에 타이타닉 톰슨이

라는 이름으로 유명해진, 앨빈 C. 토머스라는 이름을 가진 내기 게임을 벌이는 사나이에 대한 이야기를 해주었다.

"그 사람은 반드시 오스틴에 와서 시합을 벌일 거예요."

벤이 말했다.

"그 사람은 왼손으로도 치고, 오른손으로도 치는데 아무도 그 사람을 못 이긴대요."

아니나 다를까, 일이 다 끝나가는 한가로운 어느 일요일 오후, 골프숍에 앉아 있는 나에게 어떤 낯선 이가 다가오며 자신을 소개하는 것이었다.

"저는 오클라호마 주 애드모어에서 온 헤르만 카이저입니다."

그는 자신의 PGA 회원증을 보여주며 우리 코스에서 플레이를 해볼 수 있게 해달라고 부탁을 했다.

나는 흔쾌히 그의 부탁을 들어주었다. 카이저는 같이 온 커다란 체구의 잘생긴 친구를 가리키며 말했다.

"이분은 제 아마추어 친구 토머스 씨로서, 제가 소속된 클럽의 멤버이십니다. 저희랑 시합을 하시겠습니까?"

그러나 나는 그의 제안을 거절했다.

그들은 프런트 나인으로 나갔다. 그런데 마침 그때 큰돈을 걸고 내기 골프하는 것을 좋아하던 우리 클럽 멤버 한 분이 들어왔다. 나는 그에게 토머스 이야기를 해주었다.

"하비, 그 사람들과 백 나인에서 한 판 붙어봅시다. 우리가 이길 확률이 훨씬 커요. 우리가 지게 되더라도 돈은 내가 다 낼게요."

그렇게 되어 우리는 백 나인의 첫 티 앞에서 연습을 하기 시작했는데, 우리 앞에 토머스와 그의 친구가 나타났다. 토머스는 벤치에 걸터앉았는데, 그는 보통의 골프 스파이크가 아닌 헝겊 운동화를 신고 있었다. 나는 그에게 시합을 하고 싶다고 말했다.

토머스는 대답했다.

"우린 한 홀당 일 달러가 되었든 십 달러가 되었든, 아니면 백 달러나 천 달러가 되었든 당신네들이 하자는 대로 할 테니 그쪽에서 정하세요."

그러면서 그는 신발 밑창에 뚫린 구멍 하나를 우리에게 보여주었다.

나는 백 나인에서 홀당 50달러씩으로 시작하자고 말했다. 50달러라면 나에게는 정말 엄청나게 큰돈이었다.

우리들은 경기를 시작했다. 3번 홀에 가자 평상복을 입은 사람들이 대여섯 명 나타났다. 그들은 클럽하우스에서 포커를 하고 있다가 우리 게임을 보러 달려나온 것이었다. 토머스는 백 달러짜리 지폐 뭉치를 힐끗 보여주며 내게 저 사람들이 자기 돈을 따고 싶어한다고 생각하는지 물었다.

여섯 번째 홀에서 토머스가 말했다.

"여기 정말 마음에 드는군요. 이 근처에 좀 더 오랫동안 머물러 있어야겠어요."

그 날은 크리스마스가 얼마 남지 않았을 때였다. 토머스는 자그마한 갈색 과자 봉지를 꺼내 내게 내밀었다.

"부인께 멋진 크리스마스 선물을 하고 싶어요?"

그가 물었다.

"이걸 몇 개 가져다 드리세요."

그 봉지는 다이아몬드로 가득 채워져 있었다. 나는 고맙지만 그럴 필요가 없다고 대답했다.

마지막 홀에서 토머스와 그의 파트너는 롱 퍼트를 연달아 성공시켜 1타 차로 우리를 이겼다.

나중에 골프숍에서 토머스는 나에게서 따간 돈을 보상해주기 위해 50달러 전부로 골프 용품들을 구입해주었다.

"난 정말 운이 좋았어요."

내기꾼의 말투로 그는 내게 말했다.

"당신들에게 거의 질 뻔했어요."

몇 달 뒤, 나는 신문에서 토머스의 파트너 사진을 보게 되었다. 신문에서는 헤르만 카이저가 막 마스터스 대회에서 우승했다는 소식을 전하고 있었다.

우리 동네를 거쳐간 내기꾼들의 수는 헤아릴 수가 없을 정도로 많다. 자기가 인디언의 후예라고 주장하던 어떤 커다란 친구는 고무줄 새총을 갖고 내게 도전해오기도 했다. 나는 골프채를 사용했고 그 인디언의 후예는 고무줄 새총을 사용했는데, 그는 짧은 거리에서는 아주 정확했지만 티에서는 나를 이길 만큼 고무줄 새총을 멀리 쏘지 못했다.

내가 만났던 내기꾼들 중에 제일 괴상한 사람들은 '파두카 공작'과 '복면 장사'라는 한 팀일 것이다. 공작은 복면을 한 장사에게 동네에서 가장 센 사람들을 도전시키는 힘겨루기 시합의 표를 팔고 있었다. 그들은 '자선'을 목적으로 나와 시합을 하겠다고 했다.

그러던 중에 우리들은 우연히 왜 그 장사가 복면을 하고 다니는지를 알게 되었다. 그와 공작은 시합 전에 뺑소니를 쳐 입장권 수입을 챙기려는 사기꾼들이었다. 그래서 장사는 얼굴을 드러내지 않았던 것이었다. 우리들은 그들을 붙들어 게임을 취소시키고 오스틴에서 쫓아내버렸다.

한번은 이런 일도 있었다.

어떤 내기꾼이 우리 클럽에서 내기 시합을 하려고 수작을 부리고 있었는데, 마침 윌머 앨리슨이 안으로 들어오며 말했다.

"누구 저랑 퍼팅 시합 하지 않으시겠습니까?"

당연히 내기꾼의 눈에서는 번쩍 불이 일었다.

"내가 하겠소."

내기꾼이 말했다.

윌머가 대답했다.

"보통 때처럼요. 25센트짜리요."

그 내기꾼은 가방을 챙겨들고 웃음바다가 된 우리들 사이를 헤치며 허겁지겁 문을 나섰다.

트릭 샷-묘기구

트릭 샷은 이제는 점차 사라져가는 기술이다.

예전 1920년대나 1930년대에는 골프는 부유한 사람들이나 즐기는 운동이라고 생각했다. 당시는 야구가 유일한 대중 게임이었다. 이것은 아놀드 파머가 나타나 골프를 모든 이들이 즐길 수 있는 운동으로 만들기 훨씬 전의 일이었다.

어느 날, 나는 오스틴의 구(舊)경기장에서 야구 더블헤더 (동일한 두 팀이 한 날에 두 번 연달아 시합하는 것 - 역자 주) 게임의 막간에 묘기 시범을 보인 적이 있다. 내가 홈 베이스로 걸어가자 관중들은, 무릎 밑까지 오는 니커에 긴 양말을 신은 내 모습에 야유를 보내기 시작했다.

관중들은 내가 오른쪽, 왼쪽으로 마구 커브를 그리며 날아가는 샷을 치기 시작하자 조금 조용해졌다. 다음에 나는 퍼티 (석고의 일종 - 역자 주)를 써서 공 위에 공을 또 한 개 올려놓았다. 내가 7번 아이언으로 아래쪽에 있는 공을 쳐 125야드를 보내자 위쪽에 있는 공은 공중으로 솟아올라 내 손 안으로 떨어졌다. 이 재주는 웬만큼 노련한 사람이라면 누구든 할 수 있는 것이었지만, 관중석에 앉아 있던 사람들은 그 사실을 몰랐다.

나는 두 개의 공을 나란히 놓고 한 번의 스윙으로 두 개를 맞혀서 하나는 큰 훅이, 또 하나는 큰 슬라이스가 나게 만들었다. 두 공은 공중에서 교차하며 반대쪽을 향해 날아갔다.

나는 자동차 타이어에 바람을 넣을 때 쓰는 것과 같은 고무호스를 하나 가지고 있었다. 그 호스에는 한쪽에 그립이, 또 한쪽에는 3번 우드의 헤드가 달려 있었다. 내가 그 호스로 샷을 몇 번 하자 관중들은 박수갈채를 보내기 시작했다.

나는 왼손잡이 채를 오른손잡이 자세로 쳐 보여주었다. 나는 오른손잡이용 채를 꺼내 헤드를 완전히 거꾸로 돌려 잡고 공을 쳤다. 이 샷은 불가능해 보였지만 나는 페이스가 스퀘어하게 공을 맞힌다는 것을 어느 누구도 알아챌 수 없을 만큼 재빠르게 채를 돌려 잡을 수가 있었다.

나는 그립에 쇠사슬로 쇠공이 연결된 철퇴 같은 기구를 하나 가지고 있었는데, 그것으로 골프공 몇 개를 100야드 가량 날려 보냈다.

내가 7번 아이언으로 센터 필드의 담장을 넘기기 시작하자 모든 관중들은 환호성을 외쳐댔다.

솔직히 말해 그 환호성은 내가 처음 들어갔을 때 듣던 야유보다 훨씬 듣기 좋은 것이었다.

조 커크우드는 트릭 샷을 제일 잘하는 재주꾼이었다. 그는 자신이 가장 놀랄 만한 묘기구를 경기에 한 번 정도 보여주는 것이 고작이었다. 그는 그린 반대편을 향하는 풀이 무성한 업힐 라이의 벙커에 공을 내려놓고 그린 반대편을 향해 서서 스윙을 하여, 공이 머리 위를 넘어 뒤편으로 날아가 홀 컵 10피트 내에 떨어지게 했다.

한번은 홀인원의 순간을 필름에 담고 싶어 하던 어떤 영화사가 조 커크우드를 고용해 그들을 위해 샷을 해달라고 부탁을 해온 적이 있었다. 그들은 홀 컵 너머에 착지했던 골이 백스핀을 먹어 뒤로 굴러와 컵으로 들어가는 장면을 원했다. 그들은 며칠이 걸릴 것으로 생각하고 필름을 엄청나게 들고 왔다. 그런데 조는 150야드에서 여덟 번째 스윙 만에 홀인원을 성공시켰다.

브래컨리지 파크의 7번 홀에는, 숲속에 들어갔던 공을 커브로 그린에 올려놓아 텍사스 오픈에서 우승했던 조에게 헌정된 기념비가 바로 그 자리에 세워져 있다.

사람들은 조처럼 자유자재로 샷을 할 수 있는 선수가 경기에서 왜 항상 우승을 하는 것은 아닌지 궁금하게 생각했다.

조는 내게 말했다.

"어쩌면 모든 경기에서 이길 수 있을지도 몰라요. 만일 모든 샷이 다 트릭 샷이라면 말이에요."

폴 한은 나와 친구가 된 또 하나의 위대한 트릭 샷 선수이다. 폴과 나는 오스틴 컨트리 클럽에서 시범경기를 하고는 했는데, 폴은 나중에 트릭 샷 쇼를 시작하게 되었다. 그는 어떤 위스키 회사를 위해 일했다. 폴은 125야드 떨어진 곳에 있는 전신주를 가리키며 관중석에 있던 프랑스 백작 부인 팁스 여사에게, 저 전봇대를 못 맞히면 위스키를 한 병 선사하겠다고 말했다. 잠시 후 그는 전신주 한가운데를 적중시켰다.

다음에 폴은 캐디를 100야드 떨어진 그린으로 보내며 말했다.

"내가 이 공을 홀 안에 집어넣을 테니 깃발을 뽑을 준비나 하고 있게."

그리고 그는 백작 부인에게로 몸을 돌렸다.

"공이 안 들어가면 위스키 한 병을 또 드리겠습니다."

그의 샷은 그린에 떨어져 홀을 향해 굴러갔다. 그런데 캐디를 하던 친구가 너무 흥분한 나머지 핀을 뽑는 타이밍을 제대로 맞추지 못해 그만 공이 깃대에 맞게 되었다. 이 구식 트릭 샷 시범 선수들은 이제 드라이버 – 장타를 날리는 시범자들 – 로 대체되었다. 한창 때에도 나는 알통조차 나오지가 않았건만, 이 장타 선수들은 350야드 이상 먼 곳으로 공을 날려버리는 우람한 근육을 가진 장사들이다. 그들은 자기네들끼리 드라이버 장타 투어를 한다고 한다.

나는 그런 트릭 샷 시범들이 없어진 것을 몹시 섭섭하게 생각한다. 커다란 훅이나 슬라이스, 낮게 깔리거나 높게 뜨는 공들은 스윙으로 조절이 가능한 것이었기에 트릭 샷 선수들에게는 어렵지가 않았다.

트릭 샷을 하러 나갔을 때 가장 듣기 싫은 말은 관중석에서 어느 누가 '똑바른 공을 한번 쳐보시오.' 하고 소리치는 것이다. 똑바른 공, 즉 직구는 가장 치기가 어려운 것이다.

벤 호건은, 직구는 어쩌다 실수로나 나온다고 말한 적이 있다.

캐디

내 어머니는 1914년에 내가 학교에 입학하기 전까지 캐디를 못하게 하셨다. 나의 형들 톰과 틴슬리는 벌써부터 캐디 노릇을 하고 있었는데 말이다. 내가 제대로 나이를 먹자 톰은 나를 클럽으로 데리고 갔다. 한 가지 알아둘 것은 캐디가 그저 캐디실로 들어간다고 바로 캐디로 받아들여지는 것은 절대 아니라는 것이다. 그곳에는 캐디를 하려고 캐디 백을 얻으려는 아이들로 만원이었다. 캐디가 되려면 우선 거기에서 자리를 잡아야만 했다. 나에게는 둘째 형 톰이 1번, 즉 수석 캐디로 있다는 것이 커다란 도움이 되었다. 나에게나 또는 캐디로서 11번이었던 틴슬리를 못살게 구는 사람들은 톰과 일전을 벌여야 했기 때문이다. 하지만 톰은 캐디를 배정하는 수석 캐디여서 아무도 우리에게 감히 그러지는 못했다.

예전에 골퍼들이 자신이 친 공을 직접 줍거나 아니면 시간당 25센트를 주고 캐디에게 자루를 들고 연습장에 서서 공을 줍게 하던 시절에는 골퍼들이 그렇게 많은 연습을 하지 않았다. 그리고 수많은 골퍼들이 공을 쳐대는 속에 아이들이 나가 공을 줍는다는 것은 대단히 위험한 일이기도 했다. 나는 적어도 스무 번 이상은 공에 맞았을 것이다.

캐디 노릇을 하며 나는 클럽에 오는 모든 골퍼들의 스윙을 흉내 낼 수 있게 되었다. 5센트나 10센트를 받고 나는 여러 선수들을 흉내 내는 쇼를 보여주고는 했다.

나중에 내가 프로가 되었을 때, 나는 내 스윙을 흉내 내는 캐디들을 보게 되었다. 모방은 골프를 배우게 하는 훌륭한 방법의 하나이다. 요새는 캐디가 있는 골프 클럽을 찾기가 쉽지 않다. 그 이유는 만일 캐디가 출근해 백을 기다린다면, 설령 그들이 아무 일도 안 하고 앉아만 있다고 해도 클럽 측에서는 임금을 지급해야 하기 때문이다. 또 한 가지 이유는 클럽이 골프 카를 대여함으로써 더 큰 돈벌이를 할 수 있기 때문이다.

나는 코스를 배치하던 캐디들의 모습이 사라진 것을 못

내 아쉽게 생각하고 있다. 캐디들은 골프 게임에 활력을 불어넣어주던 재미있는 사람들이었다.

내가 어렸을 때는 그린피 50센트를 낸다 해도 캐디들에게는 코스에서 플레이하는 것이 허용되지 않았다. 하지만 어느 토요일 아침, 나와 내 친구 찰리 클라크는 클럽 지배인이던 라인리 씨를 설득해 우리 돈을 받도록 하고 티 오프를 했다. 여덟 번째 홀을 돌 때였다. 우리 클럽의 스코틀랜드인 프로였던 빌 매켄지가 벙커에서 불쑥 일어나며 몹시도 험한 목소리로 으르렁거리는 것이었다.

"이 녀석들, 도대체 무엇들 하는 거야?"

우리들은 돈을 냈다고 말했다.

"그 돈 찾아가지고 꺼져. 다시 필드에 나오면 알지!"

그가 호통을 쳤다.

우리는 그가 우리들을 해고시키지 않은 것을 다행으로 여겼다.

나는 캐디들에게 코스에서 플레이를 할 수 있도록 허락한 최초의 수석 프로이다. 캐디들은 토요일에만, 그것도 아침 일찍 시작해 정오가 되기 전에 마쳐야 했지만, - 그때만 해도 주 5일 반 근무였다 - 그래도 최소한 플레이를 할 수는 있다.

골프 한평생

언젠가 나는 어떤 여자분이 이렇게 묻는 것을 들은 적이 있다.

"하비는 도대체 어떻게 먹고사는지를 모르겠어요. 하는 일이라곤 그저 오스틴 컨트리 클럽에서 죽치는 것뿐인데…."

완곡한 방법으로, 나는 내 제자들 하나하나에게 골프와 인생이 아주 비슷하다는 것을 가르치기 위해 애를 써왔다. 만사가 공평하고 정당하게 된다는 보장이 없다는 점에서는 골프나 인생이나 마찬가지라고 말이다. 그리고 자기 자신에게만은 예외일 거라는 허황된 기대도 금물이라고 가르쳐 왔다.

여러분은 패배나 승리를 모두 똑같이 담담하게 수용해야 한다.

만약에 여러분이 프로라면 여러분은 경기에 나가 2등을 기록하여 큰 상금을 탔더라도 밤새 침대에서 뒤척거리며, 그때 그 퍼팅 한두 개만 잘했더라면 우승을 했을 텐데 하며 후회로 잠을 설칠 수 있다.

어떤 사람은 이런 생각들을 떨치고 앞으로 나아갈 수 있지만, 어떤 이들은 그렇게 하지 못하고 계속 소용없는 후회와 아쉬움으로 자신의 마음을 괴롭힌다.

어떤 이들에게는 열두 살밖에 안 된 나이에 코스에 나가 천부적인 재능으로 훌륭한 골퍼가 된 벤 크렌쇼가 있는 반면, 평생을 열심히 노력하고서도 프로 근처에도 못 가는 사람들이 있다는 것이 정말 불공평해 보일 것이다.

나는 수많은 토너먼트에서 플레이를 해보았다. 하지만 나는 승리하는 것만큼이나 동료 프로에게서 배우는 것을 좋아했다. 나는 나 자신이 선생이 되기를 원한다는 것을 잘 알고 있었고, 내가 동료 프로에게서 배운 것은 내 지식에 상당히 중요한 부분이 되었다.

골프는 사람의 성격을 파악하는 데는 지름길이다. 어떤 사람과 골프를 한 라운드만 해보면 몇 년 동안 저녁 모임을 같이 한 것보다도 빨리 상대방의 사람됨을 알 수 있다.

홀에 들어간 공을 꺼낼 때 그 플레이어가 컵에 얼마나 가까이 다가가는가만 보아도 그가 사려 깊고 신중한 사람인지 아닌지를 알 수 있다.

나는 프로인 동시에 관리인으로서 40년간 골프 코스를 관리해왔다. 그리고 그 시간들은 벌레와의 기나긴 싸움의 연속이었다. 벌레들은 그린을 통해 밖으로 나오며 공기구멍들을 뚫게 되는데, 그 구멍으로 먼지가 들어가고 그것을 벌레들이 소화시키면 그야말로 최상의 비료가 된다. 하지만 벌레가 많으면 비료가 과다하게 된다. 그래서 우리는 그린 위에 잿물을 조금 뿌리고는 스프링클러를 틀고는 했다. 그러면 벌레들이 꾸물꾸물 기어 나왔다. 가끔씩은 나무를 커다란 작대기로 턴 다음 벌레용 갈퀴로 긁어낼 때도 있었다. 우리는 살충제까지는 사용하지 않았다. 벌레가 있어도 어느 정도까지는 전혀 문제될 것이 없었기 때문이다.

우리는 잔디에서 '픽' 하며 바람 새는 소리가 날 때까지 갈퀴를 써서 그린을 다지도록 했다. 이른 봄이면 우리는 남자 둘을 시켜 네댓새에 걸쳐 1번부터 18번 그린까지 작업을 하고는 했다.

어떤 곳에서는 그린 옆에 새집을 매달아 새들이 살도록 한 곳도 있었다. 그래서 그린에서 새들을 자주 보게 되면 벌레가 많다는 것을 알고는 했다.

1923년, 내가 텍사스 주 최초의 클럽 중 하나로 1898년 문을 연 오스틴 컨트리 클럽의 프로로 취직했을 때, 이곳은 텍사스 주의 다른 코스들과 마찬가지로 샌드 그린을 가지고 있었다. 1914년 3월 2일까지는 홀도 아홉 개에 불과했다.

티 박스(tee-box)라는 말은 드라이버를 치는 장소에 서 있던 모래상자에서 유래된 말이다. 골퍼들은 그 모래로 조그마한 모래 둔덕, 티를 만들어 공을 치고는 했다.

1924년 나는 위원회에게 잔디 그린을 조성하도록 설득하는 데 성공했다. 나의 형 톰이 후에 프로로 재직했던 오스틴 뮤니는 버뮤다 잔디로 그린을 조성하고 있었는데, 나는 우리 클럽에도 그것이 필요하다고 주장했다.

우리 클럽이 리버사이드 드라이브로 이전을 하자, 공사

를 담당했던 건축기사 페리 맥스웰은 벤트그라스로 그린을 조성했다. 다음에 우리는 호반 산간에 있는 피트 다이 코스로 이전을 했다. 코스의 명멸(明滅)을 세 개씩이나 보다니 나도 참 오래 산 셈이다.

예전에 댈러스 컨트리 클럽이 처음으로 페어웨이에 비료를 주기 시작했던 때의 일이다. 앨비지는 포트워스까지 가서 외양간의 쇠똥들을 모아와 페어웨이에 골고루 뿌려놓았다. 그것들은 정말 굉장한 악취를 풍겼다. 댈러스 컨트리 클럽은 아주 부유한 사람들이 사는 동네인 하이랜드 파크에 위치하고 있었는데, 불쌍한 알은 그 일 때문에 아주 호된 곤욕을 치러야 했다.

만일 그가 토끼 똥을 썼더라면 그런 냄새는 나지 않았을 것이다. 하지만 페어웨이 전체에 뿌릴 만큼 많은 토끼 똥을 어디서 구할 수 있었겠는가? 하이랜드 파크에서는 그 후 몇 개월 동안 쇠똥 냄새가 진동했다.

언젠가 오스틴의 낡은 재판소 건물이 철거되었을 때, 철거반원들은 지붕 밑에서 3피트가 넘는 박쥐 조분석(鳥糞石, 새 똥이 쌓여 딱딱하게 굳은 것 - 역자 주)을 발견했다. 나는 낡은 트럭 한 대를 끌고 가서 그 귀중한 비료를 오스틴 컨트리 클럽으로 운반해왔다. 트럭에 타고 고등학교 앞을 지나던 우리는 마침 친구들과 하교하던 내 딸 캐스린과 마주치게 되었다. 그 애는 나를 모르는 체했다.

나는 9홀 샌드 그린 코스였던 오스틴 컨트리 클럽이 국내에서 가장 아름다운 동시에 도전해볼 만한 명(名) 코스로 자라나는 것을 지켜보았다. 여기에서는 어느 곳에서도 콜로라도 강·호수·협곡·시내가 있고, 나무와 야생화·사슴·토끼·다람쥐와 새들을 만날 수 있다.

처음에 나는 피트 다이 코스가 우리 멤버들에게 너무 어렵지 않을까 걱정을 했다. 하지만 우리 코스가 점차 연륜을 더해가자 모든 수준의 멤버들이 나만큼이나 이 코스를 사랑하게 되었다. 매 홀마다 네 종류의 티가 있어 현실적인 생각을 할 수 있는 플레이어라면 누구라도 이 코스에서 골프를 즐길 수 있다. 나는 우리 것이 벤트그라스 그린으로 잘 조성되어 있는 버뮤다 그린보다 우수하다고 생각한다.

나는 가끔 누군가가 내게 와서 이런 말을 하는 것을 상상해본다.

"하비, 만일 당신이 젊을 때부터 은행에 들어가 일을 했더라면 지금 총재로 은퇴해서 잘 먹고, 잘 살았을 것이오. 그게 은퇴한 늙은 캐디보다는 낫지 않겠소?"

사실 실제로 그렇게 말한 사람도 없지는 않았다. 하지만 누가 또 그런 말을 한다면 나는 이렇게 대답할 것이다.

"제가 젊었을 때는 우리 집이 그 은행을 소유하지 않는 한 총재가 될 수 없었습니다. 제 큰형 프레드는 늙어서 퇴직을 할 때까지 미국 은행 출납계 직원이었지요. 프레드도 자기

일에 아주 만족하며 살았고, 지금은 오니언 크리크의 2층 집에서 은퇴 후의 즐겁고 안락한 생활을 하고 있습니다. 하지만 제 능력과 교육으로는 골프 이상으로 적격인 직업이 없었습니다."

골프에서 제일 좋은 것은 예의만 지켜주면 언제라도 즐거운 마음으로 경기를 할 수 있다는 것이다. 당신이 아무리 플레이를 잘한다 해도 항상 당신 이상의 선수를 찾을 수 있으며, 아무리 못 친다 해도 항상 이길 수 있는 누군가를 발견할 수 있다.

내가 골프에 일생을 걸려고 생각하는 젊은이들에게 해줄 수 있는 가장 중요한 말 한마디는 바로 이것이다.

"제가 그랬던 것처럼 좋은 배필을 만나십시오."

고맙소, 헬런!